Das Buch

Irgendwann im September

von Svenne Babenne

Der Autor

Svenne Babenne wurde am 19.08.1987 in Ludwigshafen gebo-ren, um schon im darauf folgenden Jahr eins zu werden. Nur weitere fünf Jahre später wurde er in der Grundschule zu Lambsheim eingeschult, wo ihm zweieinhalb Jahre darauf sein damals bester Freund die Hose runter zu ziehen versuchte, was ihm allerdings nicht gelang, weil Svenne Babenne sich zu schnell wegdrehte. Irgendwann in den Neunzigern zog es ihn auf die Grundschule an der Landwehrstraße in Moers, auf der er sich schnell einen Namen als Grundschüler machte. Sein Status war ihm ins Gesicht geschrieben. Hätte man damals ei-nes seiner Familienmitglieder gefragt, hätten die meisten von ihnen wohl gesagt, dass „er ein Grundschüler sei". Bis zu sei-nem Abitur auf dem Adolfinum im Jahre 2006 wurde er unter anderem vierzehn und sechzehn.
Zur Zeit studiert er Rechtswissenschaften in Münster.

Das Forward

Auch wenn ich mir sehr wohl darüber bewusst bin, dass es einer Unverschämtheit nahe kommt, Ansprüche an den Leser eines Romans zu stellen, derer ich mir selbst zu schade wäre, so fühle ich mich in meiner Freigeistigkeit dennoch an dieser Stelle verpflichtet, mich im Vorab für das erste Zehntel dieses Buches zu exkulpieren, denn es ist nicht gut. Da ich mir ebenfalls der Tatsache bewusst bin, dass es sich bei der Bezeichnung als „nicht gut" um eine Anmaßung in Anbetracht des eben erwähnten ersten Zehntels handelt, gehe ich sogar soweit zu sagen, dass es geradezu völlig für den Arsch ist.
Auch wenn es sich um eine um ein vielfach erhöhtes Anmaßung handelt, sich für eine Exkulpation zu exkulpieren, möchte ich dennoch gleichfalls durch meine Freigeistigkeit legitimiert hinzufügen, dass nicht eine Zeile des ersten Zehntels im Zustand der Nüchternheit zu Papier gebracht wurde.

Im Übrigen bedarf dieses Buch keinerlei weiterer Entschuldigung, denn die restlichen neun Zehntel, die ebenfalls im unnüchternen Zustand entstanden sind, nur als puren Genuss vulgärer Szenarien zu betiteln, würde die letztgenannte Anmaßung um ein vielfaches übersteigen.

Das Kapitel Heinz[1]

Es war ein Medienspektakel der Superlative!

Leider war er *zu jenem Zeitpunkt* zu betrunken, um sein Glück, in genau diesem Moment an genau jenem Ort zu sein, ausreichend zu realisieren. Denn Donald MC McFleischhauer hatte mal wieder die Nacht zum Tage gemacht. Marina hieß die Gute, der es noch vor gefühlten fünfzehn Minuten richtig ordentlich von hinten gegeben hatte, so wie sich das gehört! Nicht fünfzehn Minuten, dafür aber rund fünfzehn Jahre dürfte ihr damaliges Alter betragen haben. Das ließ sich daraus ableiten, dass sie exakt neun Monate später Alimente von ihm einklagte und exakt einen Monat vorher sechzehn geworden war. Aber so weit dachte Donald in diesem Moment natürlich noch nicht. Er war ja schließlich sternhagelvoll und dachte selbst vielmehr noch an seine möglichen Alimente vom Teufel.

Es war ein besonderer Tag für die Fortentwicklung der Reality-Shows! Und das Beste war, dass wirklich die gesamte Welt daran teilhaben sollte! Das Massenspektakel sollte in weit über hundert Ländern zur gleichen Zeit ausgestrahlt werden. Der hauptverantwortliche Regisseur hatte sich vorher durch jahrelange Vorbereitung die perfekte Crew zur Durchführung ausgesucht, ja geradezu selektiert und zusätzlich die wohl beste Location gewählt. Die komplette Ausführung war bis ins letzte Detail und auf jede Sekunde genau perfekt durchgeplant. Trotz alledem waren die für ihn aufkommenden Kosten minimal gehalten. Ein wahrer Genius sui generis!

Donald MC McFleischhauer war das alles allerdings schnurz! Noch leicht von Endorphinen benebelt und mit geleertem Sack zog er durch die Straßen von New York. Er war ein

---

[1] französisch auszusprechen

Held des Alltags. Zwar war er in den letzten Jahren nicht gerade jünger geworden, dafür aber seine Frauen. Mit vierundachtzig Jahren stellte man eben gewisse Ansprüche. Es war schon früh geworden und es ging ihm auch wahrlich nicht gut - er glaubte, er müsse kotzen - aber er war ja keine Lusche und außerdem hervorragend im Training. Jedenfalls konnte er noch gehen, und das war ja auch schon mal was.

Um Punkt sechzehn Uhr arabischer Zeitrechnung schaltete der Inszenator seinen Fernsehapparat ein. Leider war es ihm aus persönlichen Gründen nicht möglich, live vor Ort zu sein, wenn Tausende von Menschen das von ihm organisierte Event mit ihrem Gekreische für die Daheimgebliebenen und Nichtdabeistehenden, sondern vom Fernseher aus Konsumierenden untermalen würden. Aber Mister Jackl Tackle konnte eben auch nicht alles auf einmal!

McFleischhauer war an diesem Tag einfach alles viel zu laut. „Mann, ist das laut hier!", beschwerte er sich über die Lautstärke und pöbelte den Mann an, der mit Frau und Kind rechts neben ihm lief. Dieser war daraufhin aus völlig unerklärbaren Gründen ein wenig pikiert gewesen und hatte sich mit einem Gesichtsausdruck der Angst und der Anwiderung weggedreht. Ein wenig übertrieben, wie Donald dachte und so entschloss er sich, dem Spießer eine kleine Lehre zu erteilen. Wenn Donald jemandem eine Lehre erteilte, dann hörte sich das meistens lustiger an, als es war. Er begann sein Züchtigungsritual mit einer Faust ins Gesicht. Als der überraschte und werte Herr sich mit seinen Händen an seine nun gebrochene Nase fassen wollte, watschte ihm Donald noch eine mit der flachen Hand, nur so zur Erniedrigung. Der Mann fiel nieder, stand wieder auf und wimmerte ein wenig. Bis hierhin war für Donald alles Okey-Dokey. Als der Mann sich dann aber anmaßte, ihn zu fragen, was das denn solle, musste Donald leider feststellen, dass sein

Gegenüber immer noch nichts trotz Lektion gelernt hatte und war nun gewillt, jenen priviligiert durch die Weisheit „Was Hänschen nicht lernt, lernt Hans nimmermehr!" zu töten.

Jackl Tackle war ebenfalls bereit, über Leichen zu gehen! Er wollte alles oder nichts, denn er war ein knallharter Kerl. Er war einer von der Sorte Mensch, die vor einer Flatrateparty vorglühen. Einer von denen, die sich nach dem Duschen erstmal abduschen, die sich morgens mit Elmex und abends mit Aronal die Zähne putzen. Er gehörte zu denen, die bei einem vocallosen Technosong auf den Gesang achten. Ein ganz eigenartiger Typ eben.[2] Mit seinen nass geschwitzten Händen fummelte er mit der einen Hand an seiner Fernbedienung, mit der anderen an der Frau auf seinem Schoß rum. Er war fürchterlich aufgeregt und nervös, was sonst eigentlich nie seine Art war. Er hatte sich extra eine Sattelitenschüssel im Wert von rund zehntausend Dollar bei seinem letzten persönlichen Aufenthalt in den Staaten zugelegt, um zwischen den einzelnen berichtenden internationalen Sendern hin und her switchen zu können. Alles musste an diesem Tag haargenau passen!

Der Mann mit daneben stehender und schreiender Frau mit Tochter hieß übrigens Axel Schroer, war am 16.04.1950 in Deutschland in Brühl geboren und dort immer noch auf der Louisenstraße sesshaft. So konnte es Donald zumindest dem Personalausweis entnehmen, den er ihm gerade mit samt seinem Geldbeutel abgezogen hatte. Um trotz Trunkenheit noch in Ruhe lesen zu können, trat er ihm einfach mit seinem festen und durchaus praktischen Schuhwerk immer wieder mit Schmackes in die Magengrube, so dass dieser ihm bloß nicht davonkommen würde. Schließlich spritzte das Blut noch nicht mal ge-

---

[2] Der Autor würde fast soweit gehen und ihn als Spezi vor dem Herrn bezeichnen.

scheit aus dem Drecksschwein und vom Tod war noch keine Spur. Heiter knüpfte er dem Familienurlauber erstmal einen Fuffi ab, so wie sich das gehört!

„Achtung, Achtung. Wagen 666, bitte sofort zur 5th Street Ave, Pöbelei dritten Grades in Tateinheit mit schwerer Unverschämtheit gegenüber einem ausländischem Repräsentanten gesichtet. Die beschriebene Person trägt eine zerfetzte Lederjacke, eine Basekap und einen nach unten abfallenden Schnurbart. Es soll sich vermutlich um den Szenerapper und Lebenskünstler MC McFleischhauer handeln." Smove presste Officer Dickhead seine bis zum Filter geraucht Marlboro mit seinen Cowboystiefeln aus. Er hasste es, seine Rauchpausen für irgendwelche Straßenpenner frühzeitig beenden zu müssen. Er hasste es nicht nur, nein, es erfüllte ihn sogar mit Wut. Und wenn es etwas gab, was Officer Dickhead hasste, dann war das Wut. Wut, die durch eine unterbrochene Zigarettenpause ausgelöst wurde. Und Wut war der Grund dafür, warum er diesen Penner, der für die Unterbrechung verantwortlich war, gleich in tausend Stücke reißen würde. Deshalb liebte er seinen Job. „Hoffentlich ein Neger!", flüsterte er vor sich hin und stieg in seinen Streifenwagen.

Das Kapitel zwo

Der Tag davor, zwölf Uhr mittags. Er war tatsächlich schwarz. Er war dünn, klein und hatte einen Blähbauch. „War" trifft es hier sehr gut, denn zehn Minuten vorher, um 11.50 Uhr afrikanischer Zeit hatte er das zeitliche gesegnet. Genauso wie tausende weitere Leidensgenossen auf seinem Kontinent. Sie, das noch nicht erwähnte Mädchen neben ihm, lebte noch. Es ging ihr nicht gerade gut, ganz ehrlich, es ging ihr geradezu beschissen. Sie hatte Durst. Großen Durst. Nicht Durst im Sinne von „Ich hab Durst", sondern Durst im Sinne von „ICH HAB RICHTIG DURST".

Zur gleichen Zeit wurde Donald MC McFleischhauer unsanft geweckt. Jemand klopfte unentwegt und mit Karacho an seine Tür. Ein Blick auf seine Uhr verriet ihm, dass es gerade mal *sechs Uhr a.m.* war. Sechs Uhr. A.M! Alter Schwede. Das war ja quasi noch gestern. Prompt drehte er sich wieder um, zog sich seine Decke über den Kopf und versuchte weiterzuschlafen.

Sie musste nur noch eine halbe Stunde durchhalten! Um Punkt halb eins würde die Frau von der Unicef kommen und frisches Wasser mit sich tragen. Nur eine halbe Stunde! Eine halbe Stunde hört sich kürzer an als es ist, besonders in einem Alter von gerade einmal eineinhalb Jahren, wo einem die Zeit noch viel länger vorkommt und vor allem, wenn man zusätzlich noch das Gefühl hat, innerlich bereits vollkommen ausgetrocknet zu sein. Bei jedem Schlucken hatte sie das Gefühl, als ob ihr jemand den Hals aufreißen würde. Eine halbe Stunde einfach nur durchhalten und nicht abkratzen, das war die Devise!

Das Klopfen wollte nicht aufhören. So konnte er das mit dem Weiterschlafen vergessen. Er sah sich gezwungen, sich zur Tür zu begeben. Normalerweise hätte er den Typen oder die Bitch auf der anderen Seite solange beschimpft, bis er/sie sich verpisst und er wieder in Frieden hätte einschlummern können. Oder er hätte sich den Metallbaseballschläger unter seinem Bett gepackt, wahlweise auch den Schlagring in seiner Hosentasche, und dann die Person, die sich erdreistete, ihn zu stören jeden Zahn einzeln rausgeschlagen und ihr dann in den Arsch geschoben. Allerdings war seine gestrige Nacht wirklich viel zu lang und sufflastig gewesen, so dass er erstens zu heiser und zweitens zu faul für solche frühmorgendlichen Aktivitäten war. Also stand er auf, taumelte durch sein Zimmer, erbrach sich auf dem Weg zweimal, einmal mitten in den Raum, wobei ein paar Tropfen auf seine Springerstiefel gingen und einmal auf dem billigen und wirklich ausgesprochen hässlichen Flittchen, dass er sich in der Nacht zuvor angelacht hatte und öffnete die Tür. Der Vermieter. Na herzlichen Glückwunsch. „Sie sind der Mieter und mit ihrer Miete drei Monate im Rückstand, Mister McFleischhauer, und die erforderliche Mahnung habe ich ihnen auch bereits zukommen lassen. Sie haben bis sieben Uhr Zeit hier auszuziehen. Sollten sie meinen, ihr Recht auf drei Tage Auszugszeit vom Kündigungszeitpunkt aus geltend zu machen, schicke ich ihnen gerne Bobby und Harold vorbei, mit denen können sie das gerne ausdiskutieren. Schönen Tag noch!" Der Vermieter namens Daniel Dale verschwand wieder und Donald schloss die Tür. Bobby und Harold waren die Söhne von Daniel und fungierten in erster Linie als eine Art Geldeintreiber, da sie ansonsten für nichts zu gebrauchen waren. Auch wenn Donald sich gerne prügelte, wollte er trotzdem ein Aufeinandertreffen mit den beiden vermeiden. Er hatte bereits einmal das Vergnügen gehabt. Das war vor zwei Monaten gewesen, als er das erste Mal seine Miete nicht gezahlt hatte. Nach kurzer Zeit des Widerstandes hatte er aufgegeben, sich weiter zu wehren, als sie alles, was ihm in seinem Zimmer gehört hatte, kurz und klein geschlagen hatten. Aufgeben ist an dieser Stelle vielleicht etwas beschönigend, besser gesagt, er ging KO. Nach nur einem Schlag. Folglich entschloss er sich, sofort mit dem Auszug zu beginnen. Schließlich hatte er schon jetzt bereits weder Schneidezähne, noch Geld, um sie wieder ankleben zu lassen (Als er nach dem KO-Schlag wieder aufgewacht war, hatte er sich die herumliegenden Stücke aufgesammelt, um kein Geld für Keramik- oder Goldanfertigungen blechen zu müssen.). Das war zum einen äußerst unpraktisch beim Essen und zum anderen sah es derbe Scheiße aus! Sein Gesicht sah ohnehin schon nicht sonderlich gepflegt aus. Er hatte massive Ähnlichkeiten mit einem Kranken aus dem vierzehnten Jahrhundert. Er ging zu seinem Koffer und fing an, seine Socken und Unterhosen einzusammeln. *Nach zwei Minuten* hatte er alles, was ihm gehörte zusammen. Es war ja nicht besonders viel. Eigentlich waren es nur drei unterschiedliche Socken und zwei Unterhosen, wobei er eine davon der vollgekotzten Nutte stibitzt hatte. Seine selbst mitgebrachte Lampe hatte man ihm schließlich zerstört. Er begab sich zum Ausgang, warf den Schlüssel in den Briefkasten und sah von der Straße aus auf die Wohnung zurück. „Schade.", dachte er und sagte „Shit". Schließlich war er Amerikaner.

Jackl Tackle war zu diesem Zeitpunkt noch kein Stück aufgeregt. Ganz ruhig und gelassen begab er sich zu seinem gedeckten Frühstückstisch. Seine Frauen hatten ihm unter anderem Speck mit Rührei gemacht. Sein Leibgericht. Er lebte wirklich wie ein König. Nachdem er sich gesetzt hatte, fuhr er sich einmal quer durch seinen Rauschebart, machte sich mit einem Gummi einen Zopf hinein und begann zu mampfen. Köstlich. So ließ es sich leben. Zum Nachtisch gab es noch Vanillepudding. Nichts besonderes, aber immerhin. Als er fertig gegessen hatte, stieß er einmal kurz auf und begab sich dann in sein Arbeitszimmer. Sein erster Blick fiel auf seinen Schreibtisch.

„Ach, was für ein beschissener Haufen Papierkram!", schrie er auf und fetzte erstmal mit einem kräftigen Hieb den ganzen Kladderadatsch von seiner Arbeitsfläche. Dann ließ er sich in seinen Big-Boss-Sessel fallen und kraulte sich mit seinem topp modernen schnurlosen Telefon die Eier. Vor ihm lag ein Katalog von einem Elektro-Versandhaus. Seite 34 war aufgeschlagen. Er begutachtete die neusten Flachbildschirme, die der Markt zu bieten hatte. Nach kurzer Zeit nahm er den Bestellzettel heraus. Zunächst wählte er das Produkt seiner Wahl, einen HPX300 mit allem Schnickschnack und ohne Faxen, dann die Nummer des Versandhauses mit seinem Telefon. An der anderen Leitung nahm eine junge Dame mittleren Alters ab. „Elektro Elektronik Belek, was kann ich für Sie tun?" „Ja, hallo, ich würde gerne etwas bestellen, aber ich kann leider die Bestellnummer nicht eintragen, weil ich mir mit meiner rechten Hand gerade die Eier kraule!" Dann kicherte er und legte auf. Er war ein Workaholic. Den größten Teil des Tages verbrachte er hinter dem Schreibtisch und hatte zu arbeiten. Viel schaffte er meistens zwar nicht, trotzdem war er immer beschäftigt. Plötzlich betrat eine seiner Sekretärinnen und Liebhaberinnen die Tür. „Mister Tackle, Ali Bubac wartet im Wartezimmer und möchte mit Ihnen sprechen. Soll ich ihn durchschicken?" „Nee, aber machen Sie mal!"

Etwa ein halbes Jahr zuvor. „Hallo Familie, der Flug ist gebucht, wir fliegen nach Amerika!" Mit diesen Worten begrüßte Vater Schroer an diesem Freitagnachmittag seine Frau, die Tochter und den Sohnemann. *Zurück in der Gegenwart.* Die Familie stand am Flughafen und war bereit zum Boarding. Während die Mutter noch schnell ein paar Schnäppchen im Duty-free-Laden machte, beschäftigte sich Axel mit seiner kleinen Tochter. Sie spielten Ball. Sohnemann hingegen war wie immer einfach nur von allem angepisst. „Magst du mitspielen?", erkundigte sich seine siebenjährige Schwester Jennifer fürsorglich wie sie war. „Fick dich!", antwortete er. „Na!", sagte der Vater. In Sachen Erziehung war er noch nie der Burner gewesen. Nach kurzer Zeit kam die Mutter wieder zurück. „Guckt mal, was ich feines ergattert habe!" Stolz präsentierte sie ihre kostengünstige und steuerbefreite Ausbeute. Für den Vater gab es Rotwein, für die Tochter Schokolade und für sich selbst hatte sie vier verschiedene Damendüfte ergattert. Und alles samt war von voluminöser Größe. „Wo sind meine Kippen?", zürnte Sohnemann Friedolin. „Freddy, das Thema hatten wir doch schon oft genug. Du bist gerade einmal fünfundzwanzig Jahre alt und wohnst in unserem Haus. Wenn du mal groß bist, kannst du machen, was du willst, aber jetzt gibt es keine Zigaretten für dich!" „Wenn ihr sie mir nicht kauft, hol ich sie mir halt selbst!", konterte Friedolin keck. „Friedolin! Jetzt ist aber mal gut. Was soll denn das! Wenn die Mama etwas sagt, dann wird das auch gemacht! Sowieso, wie schaust du eigentlich wieder aus? Diese langen schwarzen Haare und dieses brutale T-Shirt, ist das jetzt In?", konterte seine Mutter kecker. Sie hatte Fiedolin an seinem wundesten Punkt getroffen, dem In-Sein. Denn selbst wenn diese Eigenschaft auf sein T-Shirt zutraf, so war er alles andere als Hip. Friedolin gab sich geschlagen und zog sich wieder einmal in seine kleine Welt mit Zwergen und Feen zurück, indem er seine PlayStationPortable anmachte. Aber innerlich plante er bereits eine Revolution der Superlative...

Sie musste noch eine viertel Stunde durchhalten. Immer, immer mehr zog sich ihre Kehle zusammen. Ihr Bauch war bald doppelt so groß wie sie selbst. Herrschaftszeiten, dieser Durst. Durchhalten, kleine Naomi, du musst durchhalten! Nur wer kämpft, kann auch gewinnen!

Da stand er nun, ohne Geld, ohne Wohnung. Dafür mit riesigem Hunger. Er hatte seit drei Tagen nichts Anständiges gegessen. Das einzige, was er in dieser Zeit zwischen die noch vorhandenen Zähne bekommen hatte, war der halbe Hamburger, den er gestern einem sechsjährigen mit dem „Guck mal, da oben im Fenster ist ne nackte Frau"-Trick abgenommen hatte, so wie sich das gehört! Sein Magen knurrte. Er entschloss sich, zur Ecke vierzehnte zu gehen, um auf Kosten des Hauses in einem beliebigen Imbiss zu speisen. Er hing da nicht so häufig ab und keiner kannte dort seine Fresse. „Entschuldigen Sie, Sir, hätten Sie vielleicht Zeit für eine kleine Umfrage?", quatschte ihn ein Mann auf der Straße an, als er gerade zwei Minuten gelaufen war. „Es gibt auch zwei Dollar Belohnung!" „Bar auf die Kralle?" „Jawohl, bar!" Er ließ sich darauf ein. Der Kerl trug ein grünes Sakko und einen Schlips, vermutlich wollte er seriös wirken und vertuschen, dass er für seine Firma nur die Drecksarbeit machte. Er holte seinen Fragenkatalog hervor und knipste seinen Kugelschreiber raus. „OK, fangen wir an. Wie heißen sie mit Vornamen?" „Big." „Und Ihr Nachname wäre?" „Cock." „Dürfte ich mal Ihren Personalausweis sehen?" „Den hab ich nicht mit." Donald giggelte. „Hören Sie, Mister, Sie müssen schon ehrlich antworten, sonst macht das keinen Sinn. Also, wie heißen Sie?" „Martin Benson." Der Mann im Sakko notierte. „Gibt es etwas, was Sie absolut nicht ausstehen können?" „Ja." Der Mann wartete kurz, aber es kam nichts mehr. „Ja und das wäre?" „Leute, die zu viele blöde Fragen stellen." Der Mann notierte auch diese Antwort, wobei man erkennen konnte an seinem Blick, welcher halb auf das Papier, halb auf Donald schielte, dass ihm sein Gegenüber nicht ganz geheuer schien. „Gibt es noch etwas, das Sie wirklich absolut nicht mögen?" „Ja." „Und was genau, bitte?" „Ein dicker Schwanz in meinem Arschloch." „Das Interview ist an dieser Stelle wohl

beendet!" „Sehr gut, bekomm ich dann jetzt meine Mäuse?"
„Bedaure, Sir, die gibt es nur für vollständig beantwortete Fragebögen!" „Aber ich hab Ihnen doch alle Ihre Fragen beantwo..." An dieser Stelle unterbrach Donald MC McFleischhauer
seinen Satz. Ihm war mittendrin aufgefallen, dass er gar keine
Lust hatte, mit so einem Schnösel weiter zu diskutieren und
hatte ihm kurzer Hand einfach ins Gesicht geschlagen. Daraufhin packte er ihn am Kragen und ging *nur kurze Zeit später* mit
zwanzig Dollar mehr in der Tasche weiter. „Guter Deal.", dachte er sich. „Damit kann ich mir sogar ein Essen in einem richtigen Restaurant leisten." So machte er sich auf zur Ecke vierzehnte und ging in eine Gastwirtschaft erster Güte namens Earl
Big. Er aß ein extra großes Filetsteak mit Pommes und Ketchup
und trank vier große Bier und einen Scotch dabei. Es war sehr
gut. Zahlen tat er trotzdem nicht.

„Ja, ich wünsche Ihnen auch noch einen wunderschönen
Tag, Herr Bubac!" „Aber ich wollte Sie doch noch fragen, wie
genau das jetzt morgen ablaufen soll, ich hab doch gar nicht
genug trainiert. Ich glaube nicht, dass ich dieser Aufgabe gewachsen bin, Mister Tackle!" „Glauben können Sie in der Kirche, mein Lieber! Und jetzt seien Sie mal nicht mehr so aufgeregt. Es wird schon alles klappen! Am besten Sie legen sich
noch eine halbe Stunde hin, setzen sich dann in ihren Flieger
nach Deutschland und morgen Früh sieht die Welt schon wieder
ganz anders aus." Mit einem leichten Druck auf die Schulter
drückte Jackl Ali Bubac hinaus. Er setzte sich zurück an den
Schreibtisch. Jesus, Maria und Joseph, diese Amateure. Das
einzig Gute an diesem Kerl war in Jackls Augen, dass es der
letzte Auftrag sein würde, den dieser Bubac ausführen würde.
Was sollte er auch mit so einem Waschlappen in seiner Top-
Entertainment-Crew? Aber nun gut, Jackl war schließlich kein
Unmensch und gab jedem eine Chance. Auch, wenn Ali Bubac

sie sich in diesem Moment bereits verbaut hatte. Aber um ihn jetzt aus dem Programm raus zu nehmen, hatte er viel zu viel Zeit und Geld in diesen Mann investiert. „Was nun?", überlegte sich Jackl Tackle. In seinem Arbeitszimmer lag nur Bullshit, nichts, womit man auch nur irgendetwas anfangen konnte. Warum die Leute in seiner Crew wohl immer so aufgeregt waren? Er war es schließlich, der die ganze Sache geplant, ausgetüftelt und zuletzt finanziert und morgen inszeniert hatte. Er entschloss sich, ein wenig in seinem Garten spazieren zu gehen und im Vorbeigehen noch die Dame am Empfangsschalter sexuell zu belästigen.

Zu viert saßen sie nebeneinander auf den billigsten Plätzen. Der Flieger hatte bereits eine Verspätung von zwanzig Minuten, der Vater keinen Nerv mehr auf irgendwas, die Tochter ihren Teddybär im Arm, der Sohn einfach nur Schmacht, und die werte Frau Mama starke Blähungen, was sie allerdings verschwieg. Immer wieder, wenn sie sich doch mal nicht zurückhalten konnte, und ihr doch so ein kleiner Heimlicher entfleuchte und es dann zu müffeln begann, rümpfte sie mit einem leicht angewiderten Gesichtsausdruck ihre Nase, um so zu tun, als hätte sie den Pups zwar gerochen, aber wolle aus Höflichkeit nichts sagen. So hoffte sie, dass sie als eine der letzten verdächtigt würde. Plötzlich fuhr der Sohnemeier seine Schwester lautstark an. „Bah, hasse gefurzt?" Jennifer bestritt sofort die Anklage. Der Vater plädierte für „nicht nachweisbar". Die Mutter entschied „schuldig"! Die Mutter verurteilte Jennifer Schroer, sieben, ledig, zur Höchststrafe, nämlich „öffentliche Schikane". Sie hielt ihr mit lauter und fester Stimme einen rund zwei Minuten andauernden Vortrag, warum sich Pupsen für eine Dame nicht ziemt. Sie hielt ihre Predigt so laut, dass sie jeder im Umkreis von vier Reihen mitverfolgen konnte. Nicht zuletzt, um alle Schuld von sich selbst abzuweisen. Diese gemeine, hinterhältige Schlampe.

Die Krankenschwester verließ den Raum. Das Wasser war braun gewesen und sitt war auch was anderes. Essen stand erst gegen Abend wieder auf dem Programm, aber was sollte sie machen. Der Hunger war eh nicht das Problem. Es blieb der Durst. Sie blickte sich im Zimmer um und begutachtete ihre Leidensgenossen. Sie sahen alle durstig aus und hatten einen Blähbauch. Genau wie sie. Alle sahen gleich aus. Jacke wie Hose. Ein Baum wie der andere. Sie waren etwa zu hundert in diesem vierzig Quadratmeter Raum. Die meisten, unter anderem Naomi, lagen auf dem Boden. Betten gab es nur für die Härtefälle. Obwohl man Betten nicht ganz wörtlich nehmen darf, Bretter mit Stofffetzen trifft es besser. So eine Verschwendung, dachte Naomi. Mit Härtefällen waren nämlich die gemeint, die tot aussahen oder schon tot waren. Genau unterscheiden konnte man das nicht. Der verstorbene Junge neben ihr, lag immer noch da. Die Schwester hatte ihn nicht bemerkt und ihn deshalb nicht weggeräumt. Und Naomi konnte ja noch nicht sprechen. Er müffelte nach Verwesung. Dies hing allerdings nicht mit seinem Tod zusammen, er hatte schon Tage zuvor zu stinken begonnen. Es war ein beißender Gestank in Naomis Nase. Kaum auszuhalten. Aber es lenkte vom Durst ab. Think positive war angesagt. Naomi versuchte immer alles von der guten Seite zu betrachten. Sie warf ihren Blick in die Ecke ganz rechts außen im Raum. Dort waren alle Kinder untergebracht, die diverse dritte Welt Krankheiten oder Aids hatten. Sie nannten die auch „die letzte Ecke". Wer da hinkam, kam nie mehr zurück. Auf einmal hörte Naomi ein leises Summen neben ihrem linken Ohr. Es war ein auffällig konstantes, liebliches, aber doch nerviges Summen. Zunächst konnte sie es nicht genau zuordnen. Sie wusste nicht, ob es sich um eine Art kleinen

17

Tinitus, erzeugt durch einen Kreislaufabsturz wegen Unterernährung handelte oder ob es doch eher eine externe Sache war. Plötzlich verschwand das Geräusch wieder. Langsam wurde die Intensität der Lautstärke wieder geringer. Doch nach kurzer Zeit wurde es wieder hörbar lauter. Naomi entschloss sich, die Kraft aufzubringen sich umzudrehen, um sich über die Situation Klarheit zu verschaffen. Da sah sie es! Nur einen halben Meter von ihrem Kopf entfernt schwirrte der Tod höchstpersönlich! Eine Mücke. Immer wieder setzte sie zum Anflug auf Naomi an und drehte dann doch in letzter Sekunde ab. „Jetzt bloß nicht schwitzen!", dachte sie. „Das riechen die Scheißviecher!" Das Tier kam immer näher an sie ran und die Distanz zwischen Naomi und dem Rückzugsabstand der Mücke wurde immer geringer. Auge in Auge mit dem Tod! Sie musste handeln! Nur wie war die Frage. Die eine Möglichkeit war, das letzte bisschen Kraft, was sie noch hatte in einen Vertreibungshieb mit ihrem Arm zu setzen. Jedoch würde sich das Ungetier mit Sicherheit nicht von einem einzigen Hieb vertreiben lassen und es auf ein Neues probieren. Und für einen zweiten Hieb wäre sie einfach zu durstig gewesen. Die andere Möglichkeit war, sich einfach stechen zu lassen und dann aus vollem Leibe schreien, in der Hoffnung, dass sie eine motorisch vollends entwickelte Person hören würde, um ihr dann das betroffene Körperteil abzuhacken. Eine Odysseusentscheidung! Warum ausgerechnet sie? Es gab so viele Kinder in diesem Raum. Die Welt war so ungerecht! Aber sie musste sich entscheiden. Schnell. Irgendwann kommt für jeden mal der Tag, an dem er sich entscheiden muss! Kopf oder Zahl, rot oder schwarz, Jimmy Blue oder Wilson Gonzales. Die Mücke hatte ihren Stachel bereits ausgefahren, bereit sie anzumucken und anzusaugen! Die Wahl viel auf Variante eins. Schwerfällig hob sie den linken Arm und ließ ihn über dem Ungeziefer fallen. Und tatsächlich, ein Wunder geschah! Sie hatte das Ziel zwar verfehlt, aber der Lufthauch hatte es drei Kinder weiter geschoben. Der Junge nach ihr hatte nicht so viel Glück, ihm war scheinbar die Kraft bereits ausgegangen. Er versuchte zwar auch seinen Arm zu bewegen, aber das war eher mit dem erbärmlichen Meldungsversuch eines mündlich schwachen Drittklässlers nach dem Elternsprechtag zu vergleichen, ein kurzes Zucken, mehr nicht. Die Mücke stach zu. „Fuck, Malaria", dachte er sich und drehte sich wieder um, um durstig zu sein. Naomi war heil froh. Sie hatte es geschafft! Der heutige Tag war der beste ihres gesamten Lebens.

Er streifte gerade die 3rd Avenue entlang, als er in einen Hundehaufen trat. „Scheiße!", traf er den Nagel auf den Kopf. Zum Glück fiel sein Blick auf einen auf einer Bank sitzenden Mann, der Zeitung las. Er ging zu ihm rüber und tippte ihm auf die Schulter. „Entschuldigen Sie, Mister!" Er riss ihm die Zeitung aus der Hand, wischte sich damit die Schuhe von unten wieder sauber und warf ihm das Ding zurück auf den Schoß, selbstredend ohne sich zu bedanken. Darauf ging er in die nächst liegende Kneipe, um sich ordentlich einen zu saufen, so wie sich das gehört! Es war sehr leer darin, fast gar nichts los. Nur der Barkeeper und irgendein versoffener Volltrottel mit Liebeskummer wahrscheinlich. Er setzte sich direkt neben ihn und pöbelte ein wenig herum, in der Hoffnung, eine Prügelei anzuzetteln. Der andere ging allerdings nicht darauf ein und der Wirt erteilte ihm Hausverbot. Dann verließ Donald die Kneipe wieder und ging in die, die drei Häuser weiter lag. Dort war er der einzige Gast und bestellte sich am Tresen ein Bier und einen Tequila mit Salz und Zitrone, aber zackig! Er zog den Kurzen auf Ex weg und bestellte noch einen. Endlich Ruhe und Zeit zum nachdenken. Er war sehr melancholisch in letzter Zeit. Diese dämliche Middle-Life-Crises! Im Alter war es alles nicht mehr dasselbe. Die Leute waren über die Jahre immer oberflächlicher und kontaktunfreudiger geworden. Und die Mädels stiegen auch nur noch mit einem in die Kiste, wenn sie stockbesoffen waren. Er hasste das neue Jahrtausend[3]. Aber er liebte dieses Leben viel zu sehr, um sich aufzugeben. Er schaute auf die Uhr. Am Mittag hatte er ein Hip-Hop-Battle, aber er war sich noch nicht sicher, ob er hingehen würde. Nur wenn er Bock hatte. Er starrte aus dem Fenster hinaus auf die Straße. Viele Leute liefen den Weg auf und ab. Es war wohl gerade Mittagspause für die arbeitende Gesellschaft. Diese Stadt war viel zu voll mit arbeitenden Leuten. Einer riss den anderen mit. Wie Maschinen liefen sie dort in ihren Anzügen und schwarzen Miniröcken. Und jeder benahm sich so, als sei er ganz big in bizz, obwohl die meisten von ihnen in Wahrheit weniger verdienten als eine Durchschnittshure. Diese Leute kotzten ihn an. Wer nicht mitkam, in ihrem Tempo, und wer nicht arbeitete war bei ihnen unten durch. Er als Existenzialist aus Überzeugung passte da nicht rein. Oft fühlte er sich aussässig und ausgegrenzt, doch das machte ihm nichts aus. Er reagierte darauf meist mit brachialer Gewalt, so dass man ihn erstens schnell in Ruhe ließ und zweitens verlieh es ihm immer ein Gefühl der Überlegenheit. Besonders wenn er trank, war dieses Gefühl sehr ausgeprägt. Plötzlich fiel ihm ein Typ in einem beigefarbenen Anzug auf. Er hatte blonde Haare mit einer mühevoll gegelten Frisur, einen muskulösen Körperbau und ein extrem von sich selbst überzeugtes Grinsen mitten in seiner hübschen Visage. In der rechten Hand trug er einen etwa zweitausend Kilo schweren Aktenkoffer mit der Aufschrift „Your Mind – We know what you want" und an der linken Hand eine vermutlich doppelt so schwere Uhr. Ein wahrer Gewinnertyp! Donald fühlte sich bei seinem Anblick minderwertig. Es war ein Scheißgefühl. „Siehst

---

[3] 2000 n. Chr. ff.

du den Schnösel dahinten?"‚ sprach er den Barmann an. „Das ist einer von denen, bei denen alles, was sie anpacken zu Gold wird!" Der Barmann schaute kurz raus, wusste aber nicht recht wer gemeint war und nickte desinteressiert. Donald gehörte nicht zu dieser Sorte Mensch. Bei ihm wurde alles, was er anfasste zu Scheiße. Zum Beispiel hatte er es einmal hinbekommen, einen kompletten Betrieb innerhalb von drei Tagen Bankrott zu bekommen. Dabei lief das Teil, als er es übernommen hatte gar nicht so schlecht. Es war ein Versandhaus für Damenreizwäsche. Eigentlich war es sein Traumberuf. Er hatte den Laden durch den Kredit einer Bank kaufen können. Wie er den Kredit wiederum bekommen hatte, konnte er sich bis heute nicht erklären. Vermutlich wieder mit Gewalt und Schlägen im Suff. Vielleicht auch mit der Androhung von sexuellem Missbrauch, er wusste es nicht. Jedenfalls ging der Betrieb und der Kredit blieb. Eigentlich hatte er sich sogar rückblickend betrachtet ziemlich stark engagiert. Nun gut, zwar konnte er sich nicht erinnern, auch nur ein einziges Kundengespräch bei vollem bewussten geführt zu haben, er war damals auf Opium gewesen, also echt harter Shit, aber bemüht hatte er sich auf seine Art eben trotzdem. Das muss man erstmal schaffen, tot müde vom Opium überhaupt irgendwie zur Arbeit zu erscheinen. Ein anderes Mal hatte er es geschafft, im Casino das ganze Erbe seiner Oma beim Roulette zu verzocken. Beim Roulette! Und das, obwohl es das einfachste Spiel der Welt war. Man musste nur auf die richtige Nummer setzen, und zack, der Einsatz mal sechsunddreißig. Es war ihm megapeinlich gewesen. Warum hatte er auch auf die sechzehn gesetzt? Das war noch nicht mal seine Glückszahl gewesen. Er hatte es nur gemacht, weil die Dame hinter ihm zu ihrer Freundin gesagt hatte, fünf Dollar auf die sechzehn wäre ihr zu riskant, sie setze lieber auf rot. Da wollte Donald sich eben nicht lumpen lassen und hatte den Proll raushängen lassen. „Alles auf die sechzehn!" „Aber Sir, Sie sitzen gerade mal eine Minute am Tisch und haben noch nicht eine Runde mitgespielt. Normalerweise darf ich als Krupje Ihnen keine Tipps geben, aber Sie haben mir ja vorhin erzählt, dass Sie zum ersten Mal spielen und zwanzigtausend sind eine Menge Geld und deshalb..." „Schnauzbart! Alles auf die sechzehn, und bringen sie den Damen hinter mir noch einen Sekt aufs Haus! Ich nehme den teuersten, den sie haben!" Wahrscheinlich war der hohe Alkoholkonsum die Ursache für seine große Klappe an diesem Abend gewesen. Der Krupje hatte sich im Übrigen nur eingemischt in seine Spielweise, weil Donald ihm sofort als er an den Tisch gestoßen war, eine saftige Tracht Prügel für den Fall einer Niederlage angedroht hatte, so wie sich das gehört! Na ja, es kam, wie es kommen musste, vierzehn schwarz, knapp daneben ist auch vorbei, der Sekt kam nicht, er drückte dem „Rien ne va plus"-Schnösel ein paar Fäuste rein, die Frauen hinter ihm riefen die Security und er flog im hohen Bogen raus. Dann drohte er noch ein bisschen den beiden schwarzen Aufpassern, die ihn rausgeleitet hatten, beschimpfte sie als feige Affen und als sie sich dann provozieren lassen hatten und ihn verprügeln wollten, suchte er das Weite. Glücksspiele waren allgemein nicht so sein Ding. Einmal hatte er beim Blackjack ärgerlicher Weise nicht auf den netten Herrn hinter ihm gehört, nur weil er sich wieder in was reingesteigert hatte. Der Mann hatte ihm empfohlen, bei zwanzig erreichten Punkten keine weitere Karte mehr einzufordern, da bereits alle Asse ausgespielt waren bei den beiden Damen, die mit ihm am Tisch saßen und die Wahrscheinlichkeit, einundzwanzig Punkte zu erreichen somit gegen Null lief. „Nichts da, ich bin Profi, ich weiß was ich mache! Also, lassen Sie mal noch ne Karte rüber wachsen." Er gewann leider nicht und das Ende vom Lied war auch hier wieder, dass seine nachfolgenden Pöbeleien mit einem Rausschmiss sanktioniert wurden. Nur ein Glücksspiel konnte er nicht schlecht. Poker! Bei diesem Spiel kam es nämlich nicht nur auf Glück an, nein, es hatte vielmehr mit Berechnung und Beobachtungsgabe zu tun. Und wenn Donald MC McFleischhauer eines hatte, war das eine bis ins schärfste Detail ausgeklügelte Menschenkenntnis, die er eins a anwenden konnte. So wie bei einem Spiel. Er hatte direkt eine Straße ausgeteilt bekommen. Nachdem sich sein Gegenüber zwei neue Karten hatte geben lassen, erkannte er sofort in dessen Gesichtsausdruck, dass er einen Straight Flash haben musste! Deshalb wusste er, dass er nur eine Chance hatte zu gewinnen. Er brauchte einen Royal Flash. Folglich gab er alle Karten wieder ab. Selten war er so aufgeregt gewesen, wie in dem Moment, als man ihm seine neuen Karten gab. Kreuz Bube. Pik Sieben. Pik Acht. Karo As. Karo Zehn. Ein Haufen Kacke! Am Ende stellte sich heraus, dass sein Gegenüber wohl doch nur zwei Pärchen hatte, aber das konnte man ja nicht ahnen.

Er hasste es auswärts zu arbeiten.[4] Er machte diesen Teil des Jobs wirklich nicht gerne. Viel lieber saß er in seinem Büro, auch wenn er dort ebenfalls nur die Drecksarbeit zugeschoben bekam. Er konnte einfach nicht so gut mit Menschen. Er musste vierzig Fragebögen pro Tag ausgefüllt kriegen, das war sein Muss. Er hatte gerade mal vier geschafft und eine aufs Maul bekommen. Bittere Bilanz, dafür dass er schon seit mittlerweile fünf Jahren für diese Firma arbeitete. Seit fünf Jahren, jeden Tag dasselbe grüne Sakko, dieselben Fratzen bei ihm auf der Etage und dieselben phantasielosen Fragebögen. Er hatte so viele Verbesserungsvorschläge, so viele Fragen, die so viel mehr Effizienz herausbringen würden, aber auf ihn hörte ja keiner. Er wurde einfach immer nur als Fußabtreter benutzt.

---

[4] „Ich *hasse* es auswärts zu arbeiten!", hatte er einst gesagt.

Ganz im Gegensatz zu diesem Greg. Er hatte exakt mit ihm angefangen. Damals, vor fünf Jahren, genau wie er. Nur dass Greg es in der Zwischenzeit zum Leiter der kompletten Etage geschafft hatte. Er selbst besetzte immer noch exakt denselben Posten wie zu Beginn. Nur weil er nicht dieses extrem von sich selbst überzeugte Lächeln mitten in seiner hübschen Visage hatte. Leider hatte er nicht mal diese hübsche Visage. Seine Arbeit hier auf der Straße kam ihm so sinnlos vor. Keiner in dieser Stadt wollte sich auch nur eine Minute Zeit nehmen für eine Befragung. Die Leute waren viel zu beschäftigt und hektisch. Immer wieder bekam er die gleichen Ausreden zu hören. „Keine Zeit!" „Tut mir Leid, ich muss noch was erledigen!" „Lassen Sie mich in Ruhe mit ihrem beschissenen Fragebogen! Könnt ihr Typen nicht mal jemand anderes belästigen?" „Generell gerne, ich muss nur leider gerade fürchterlich kacken!" Er war das alles so satt. Aber wen interessierte das schon. Er entschloss sich, gegen Mittag zum Flughafen zu gehen, um dort Leute abzufangen. Die meisten dort hatten zwar auch keine Zeit und waren geschafft von der Reise, jedoch fanden gerade Touristen Fragebögen beantworten irgendwie total lustig. Was daran lustig sein sollte, wusste er selbst nicht, aber wenn es denen Spaß machte, warum nicht? Wahrscheinlich gab es in deren Ländern keine Fragebogenmännchen wie ihn. Oder man hatte außerhalb von Amerika einfach einen anderen Humor. Vielleicht lachten sie aber auch einfach nur über ihn, weil ihm seine armselige Karriere ins Gesicht geschrieben war.

„An alle Einheiten! In der dritten wurde gerade ein Kiosk überfallen. Beim Täter handelt es sich um einen dunkelhäutigen Mann mit weiten Klamotten. Er ist unmaskiert. Angeblich ist er Richtung Süden geflüchtet!" Verdammt. Gerade jetzt. Ausgerechnet, wo er grade das Bestechungsgeld von diesem Japsen abholen wollte, dessen Laden nebenbei mit Crack dealte. So ein

Mist! Aber einen Schwarzen zu fassen, das konnte er sich nicht entgehen lassen. Nach kurzem Gefluche schnipste Officer Dickhead seine gerade angezündete Zigarette weg und sprang dann in seinen Streifenwagen. „Na gut, Blackboy, dann renn schon mal um dein Leben!" Mit einem Burnout zog er den Wagen in Sekundenschnelle von Null auf siebzig Meilen die Stunde. Er schaltete die Sirenen an. Dann fuhr er auf dem schnellsten Weg in die angesagte Straße. Er kannte sich in dieser Ecke gut aus. Deshalb ahnte er auch schon, wo der Dreckskerl hinlaufen würde. Und tatsächlich, kaum bog er in die von ihm angepeilte Straße ein, sah er auch schon einen auf die Beschreibung passenden Mann mit einer Plastiktüte in der Hand auf dem Bürgersteig lang flitzen. Wie in einem schlechten Cop-Film. Da erblickte ihn der Rennende auch schon und legte einen Zahn zu. Doch Officer Dickhead wusste genau, wo er ihn hinzutreiben hatte. Er fuhr so, dass dem Flüchtigen nur eine Möglichkeit zum Entkommen blieb. Nur wusste der blöderweise nicht, dass das, wo er gerade hinrannte, eine Sackgasse war. Wirklich, wie in einem schlechten Film. Officer Dickhead grinste. Schon hatten sie das Ende der Straße erreicht, welches von einer Mauer definiert wurde. Verzweifelt versuchte der Dieb hinüberzuklettern. Aber egal wie hoch er sprang, es fehlte ihm immer mindestens ein Meter, um überhaupt an den Mauerrand zu gelangen. Ein erbärmliches Bild. Der Film wurde immer schlechter. Amateur! Officer Dickhead schaltete die Sirenen aus und hielt an. Mit einem ängstlichen Blick schaute der Mann mit dem Rücken zur Wand zum Streifenwagen rüber. Officer Dickhead nahm das Megafon, welches auf dem Beifahrersitz lag, kurbelte sein Fenster runter und schaltete das Gerät an. „Wer hat Angst vorm schwarzen Mann? Niemand, Niemand!" Der Dunkelhäutige hatte sichtlich Schiss. Er merkte schnell, dass er an einen Rassisten erster Güte gelangt war. Scheiße! Oder um es mit seinen

Worten auszudrücken, holy shit. Officer Dickhead stieg mit samt Megafon aus dem Auto, in der rechten Hand eine Knarre. Er ging ein paar Schritte auf den Verbrecher zu. Dann setzte er das Megafon erneut an. „Yo, yo, Homie, alles tight oder was? Heute mal nicht auf ner Hip-Hop-Jamsession? Dumm eigentlich, wärste doch mal lieber Rappen gegangen oder hättest dir heimlich nen Joint durchgezogen, dann hättest du jetzt nicht die Probleme, die du jetzt hast, Freundchen!" Der Schwarze hatte jetzt so richtig Bammel. Todesangst! Aber er wollte doch niemandem etwas Böses! Er war erst einundzwanzig und hatte das Geld nur geklaut, um seiner schwer kranken Mutter ein erträglicheres Leben zu verschaffen. Aber er wusste genau, dass das den Polizist vor ihm wohl wenig interessieren würde. Womit er auch nur allzu Recht hatte. Officer Dickhead kam jetzt erst so richtig in Fahrt. „Was ist der Unterschied zwischen einem Nigger und nem Eimer voller Scheiße? Hä? Überleg mal! Warum antwortest du nicht? Kann Neger nicht reden? Oder ist 50 Cent einfach zu dumm dafür? Ist das einzige was er kann wirklich nur schwarz sein und klauen? Soll ich es dir verraten, die Antwort? Der Unterschied ist der Eimer! Du Haufen Scheiße! Siehst nicht nur dreckig aus, sondern du stinkst auch noch. Aber keine Sorge, da wo du gleich hinkommst, gibt es genügend Duschen. Da kannst du dich kostenlos sauber machen. Und einen Fick in dein noch dunkleres Arschloch gibt es gratis dazu. Und jetzt steig auf die Rückbank von meiner hübschen Karre." Der Mann tat, wie ihm befohlen. Officer Dickhead lieferte ihn bei der Wache ab. „Gute Arbeit, Officer Dickhead!", lobte ihn sein Vorgesetzter. „Ich frage mich nur, wer den Kerl so übel zugerichtet hat. Die Wunden in seinem Gesicht sehen noch sehr frisch aus." „Wahrscheinlich ist unser Freund auf der Flucht nur blöd hingefallen.", antwortete Officer Dickhead. Der Dieb nickte nur schüchtern und wirkte irgendwie erleichtert, im Polizeirevier angekommen zu sein. Daraufhin verließ Officer Dickhead das Gebäude wieder und ging zurück zu seinem Auto. Gute Arbeit, Officer Dickhead, dachte er sich und zündete sich eine Zigarette an. Hätten alle Leute sein Pflichtbewusstsein, sähen die Straßen von New York viel sauberer aus!

Es war kurz nach zwölf mittags, als er gerade in einen Stau auf dem Highway geriet. Der Weg zum Flughafen war meistens so befahren. Es machte ihm nichts aus. Er hatte eh nur einen weiteren Fragebogen geschafft, also würde er sein Soll von zwanzig so oder so nicht erfüllen. Überall hupten die Leute. Diese ewige Hektik. Greg stand gerade bestimmt nicht im Stau. Der war bestimmt gerade erst im Büro eingetroffen, um dann erstmal eine halbe Stunde mit der Sekretärin zu quatschen, zu flirten und vielleicht noch zu bumsen. Oder vielleicht überzeugte er den Chef der Firma gerade, ihm eine Gehaltserhöhung zu geben, indem er sich irgendein wirres Scheinlogikargument einfallen ließ. „Überleg mal, Henry (er war mit dem Chef per Du), wenn du mir nur dreihundert Dollar mehr bezahlen, und die Fragebögenleute für jeden nicht erbrachten Sollbogen zwanzig Dollar Gehalt abgezogen bekommen würden, ist ‚Your Mind' in spätestens einem Jahr das erfolgreichste Unternehmen in ganz New York!" Häufig, wenn nicht sogar fast immer funktionierten die Überzeugungskünste von Greg. Bei ihm war das anders. Er erzeugte damit irgendwie immer das absolute Gegenteil von dem Angestrebten. Warum war Greg so gut darin, Leuten seine Meinung einzutrichtern? So wie einmal, in dieser Polittalkshow. Greg und der Ministerkandidat für Jugendschutz stritten sich darüber, inwieweit es gerechtfertigt sei, Menschen, die Charakterschwächen und Selbstbewusstseinsstörungen haben, gegen Geld ein besseres Leben zu versprechen, obwohl die Umsetzung zum Teil in der Realität nachher ganz anders aussah, und die Leben der Menschen hinterher keine großen Verbesserungen aufzeigten, was Statistiken bewiesen. Der Ministerkandidat hatte die ganze Sendung über die besseren Argumente gegen die Firmenideologie von „Your Mind". Außer dem Talkmaster, der die ganze Zeit außer Grinsen nicht viel mehr gemacht hatte, war da noch dieser Affe zu Gast gewesen. Der hatte mit dem Thema zwar nicht viel zu schaffen, sah aber niedlich aus. Im Übrigen war er der Affenrollschuhlaufwettbewerbweltmeister von Amerika. Während Greg und der Vielleichtmal-Minister stritten, stand der Affe plötzlich auf und setzte sich auf den Schoß des Politikers. Der lachte zunächst und das Publikum war begeistert. Ein putziges Bild. Es sah echt nicht gut aus für Greg. Doch dann kackte der Affe dem Mann unter sich auf den Schoß. Dem verging dann das Lachen, im Gegensatz zu Greg und dem Publikum. Und dann legte Greg lauthals kichernd los. „Tja, Herr Ministerkandidat, das war es dann wohl mit der politischen Karriere!" „Also ich glaube kaum, dass meine Wählerschaft sich von so einem Blödsinn beeinflussen lässt. Sie schreiben dem amerikanischen Volk da ein bisschen zu viel Oberflächlichkeit zu!" „Na ja.", sagte Greg und blickte dabei sehr bissig und mit seinem typischen, selbstüberzeugten Grinsen in die Kamera. „Ich weiß ja nicht wie es mit dem amerikanischen Volk so aussieht, aber ich persönlich will keinen Minister, der sich von einem Affen bescheißen lässt!" Die Leute grölten. Von dem Ministerkandidaten hatte man nie wieder etwas gehört. Bittere Sache! „Your Mind" bekam in der darauf folgenden Woche mehr als vierhundert neue Kunden und die Aktien stiegen wie ein Lenkdrache im Tornado, flott und unkontrollierbar. Greg hatte es mal wieder geschafft. Sein Leben schien eine einzige Glückssträhne zu sein. Ganz im Gegensatz zu seinem eigenen Leben. Schon seit Jahren wartete er auf den Moment, wo ihn Fortuna mal endlich gescheit erwischt. Schon seit sechsunddreißig Jahren, um genau zu sein. Immer hatte er sich in seinem Leben erhofft, dass es irgendwann besser werden würde. Schon als kleines Kind hatte dieses Hoffen begonnen. Damals wollte kein Kind mit ihm spielen, weil er einen Gehfehler hatte und schielte. Und wenn sich doch ein Kind erbarmte, mit ihm irgendwas zu machen, kam meistens seine ihn doch rückblickend betrachtet sehr vereinnahmende Mutter, und verbot ihm raus zu gehen, weil das zu gefährlich sei. Zu dieser Zeit hatte er immer gehofft, dass sich in der Teenagerzeit alles bessern würde. Er hoffte, dass er dann, wenn er gescheit laufen könnte, vielleicht sportlich werden würde, und cool, und so dann die meisten Mädels bekommen würde und so. Dummerweise kam ihm dann, als er das Teenageralter erreicht hatte, die Hässlichkeit dazwischen. Und die wucherte und wucherte immer mehr, bis zu seinem zwanzigsten Lebensjahr. Von da an hoffte er auf wilde „Twensjahre“. Die Mädchen, so dachte er, würden sich von nun an schneller rumkriegen lassen, weil sie es alle schon mal gemacht hatten. Und auf dem College galt neues Spiel neues Glück. Doch auch hier wurde er leider enttäuscht. Die Mädels schauten ihn mit dem Arsch nicht an und die Typen benutzten ihn auch hier wieder als Auffangnetz für blöde Sprüche und überschüssige Aggressionen. Von der Zeit nach dem College versprach er sich dann zuletzt, durch seinen Charakter und seine Intelligenz Erfolg und Frauen zu haben. Was daraus geworden ist, kann man ja sehen.

Er saß nun bereits weit über eine Stunde in dieser Kneipe und war voll wie ein Eimer. Richtig schön breit, so wie sich das gehört! Es gefiel ihm sehr gut hier. Gerne wäre er noch länger geblieben, blöderweise hielt ihm jedoch der Wirt eine Schrotflinte an den Kopf, so dass es Zeit zum Gehen war. Und das alles nur, weil er so ner Schrulle an die Titten gepackt hatte, der Mann ihn verprügeln wollte und er dem dann wiederum zeigen wollte, wo der Hammer hängt und der Hase läuft. Pussys! Da es gerade mal viertel nach vier war, entschloss er sich, doch noch zu dem Hip-Hop-Battle in Harlem zu fahren. Das war nicht weit von hier mit dem Bus. Zwar hatte die Sache schon um Punkt vier begonnen, aber einen Versuch war es Wert. Mit Gewalt konnte man schließlich so einiges erreichen, er sprach da aus Erfahrung. Also stieg er in den Bus und fuhr los. Es waren nur fünf Stationen.

Naomi hatte Durst.

Ärgerlicherweise wurde er eine Haltestelle zu früh aus dem Bus geschmissen. Er hatte zwar noch versucht, mit dem Busfahrer zu diskutieren, von wegen es sei nicht seine Schuld gewesen, der kleine Junge hätte angefangen. Leider hatte der Mann am Steuer die Situation durch seinen Rückspiegel beobachtet und wusste genau, wer wem wessen Pausenbrot zu abzunehmen versucht hatte. Also musste McFleischhauer den Rest zu Fuß gehen. Schade. Darauf hatte er ehrlich gesagt gar keinen Bock. *Um kurz nach halb fünf* traf er endlich ein. Glücklicherweise musste er den Organisator gar nicht verkloppen. Sein erster Gegner war verhindert gewesen, weil er kurz vor Beginn von den Bullen geschnappt worden war. Er hatte einen Kiosk ausgeraubt. So kam Donald direkt ins Finale. Klasse Sache. Sein Gegner war eine ganz coole Sau. Zwei Meter großer Afroamerikaner mit Baggy und Feinrippunterhemd. Oho, oho. Peinlich. Für so was hatte Donald MC McFleischhauer kein Verständnis. Der Kerl kam aus dem übelsten Getto, machte aber schon volle Kanne einen auf X-Zibit. Die Crowd stand voll hinter dem aufgeblasenen Affenarsch. Kein Wunder, waren ja auch alles nur Harlemgangster, dachte sich Donald. Sie warfen eine Münze und Big Pack, so nannte sich der Witzbold, durfte beginnen. Er laberte irgendwas Gereimtes in das Mikrofon, von wegen dass er Donalds Mutter ficke und das Sperma, was aus ihrem Po käme in seinen Drink mixen würde. Dann teilte er dem Publikum noch mit, dass Donald riechen würde, dass er ein Alkohol-problem hat und erzählte dann noch, wie geil er selber wegen seiner Muskeln sei. Das alles machte Donald gar nichts aus. Seine Mutter war wirklich eine Schlampe, Trinken tat er auch sehr gerne und dass man vom Bäume klettern Muskeln kriegt, ist allgemein bekannt. Die Crowd rastete völlig aus. Sie feierten ihren Oberdealer. Nun war Donald an der Reihe. Er konnte kaum noch stehen, geschweige denn gerade denken. „Du bist so schwarz wie Kot, ich mach dich Nigger tot, dann über-schwemmt deine schwarze Haut plötzlich nur noch Blut. Alle Neger müssen weg, alle Neger ins KZ, alle dunkelhäutigen Gestalten haben keinen Zweck!"[5] Mehr kriegte er nicht auf die Reihe. Aber er war zufrieden. Eigentlich war er kein Rassist, aber wenn einer seine Mama beleidigte, kannte Donald keine Grenzen mehr. Die Jungs und Mädels vor der Bühne buhten. Aber das war MC McFleischhauer gewohnt. Egal, es gab ja noch eine zweite Runde. Big Pack war wieder dran. Diesmal wurde er persönlicher als beim ersten Rap. Er ging auf Donalds Unförmigkeit, seinen Gestank und zuletzt sein Alter ein. Das letzte war ein Fehler gewesen. Wenn Donald einen Schwach-punkt hatte, dann sein Alter. Kaum hatte man ihm das Mikrofon gereicht, damit er seine zweite Chance nutzen sollte, begann er auch schon, das MiC als Werkzeug zu benutzen und seinen Gegner aufs Übelste zu bearbeiten. Es war ein unschöner An-blick. Immer wieder schlug er mit dem Elektrogerät mitten in das Gesicht des Armen, und jedes Mal, wenn er traf, gaben die Boxen einen Störlaut von sich, untermalt von dem Geschrei von Big Pack. Diesen zu verprügeln, war allerdings ein Fehler sei-tens Donald MC McFleischhauer. Innerhalb kürzester Zeit ka-men sowohl Veranstalter, als auch Publikum auf die Bühne

---

[5] Oh my God!

gerannt, um Donald fertig zu machen. Es war jedoch halb so schlimm. Nach nur drei Sekunden war er bewusstlos geworden, so dass er ihnen schnell keinen Spaß mehr bereitete. Als er allerdings wieder aufwachte, schaute es schon wesentlich schlechter für ihn aus. Er war an einen Stuhl gefesselt. Um ihn herum standen vier Harlemboys, unter anderem ein recht demolierter Big Pack, der eine beeindruckend große Pistole auf ihn richtete.

Jackl Tackle saß in seinem Garten und langweilte sich. Nichts los. Er starrte auf die Bäume und guckte sich die Vögel an. Ziemlich öde, diese Vögel. Zwar waren sie frei und konnten tun und lassen, was immer sie wollten, aber das konnte er ja auch. Ansonsten waren die Viecher einfach nur dumm und langweilig. Nicht mal Hände zum onanieren. Traurige Geschöpfe. Sein Anwesen war groß. Ein bisschen zu groß, wie er fand. Wenn ihm in seinem Arbeitszimmer langweilig war und er Lust auf Billard hatte, musste er eine viertel Stunde laufen. Und wenn er dann in den Garten wollte, wieder eine viertel Stunde Fußmarsch. Zu seinem anliegenden Wasservergnügungspark fuhr er meist mit dem Auto. Oder mit seinem Quad. Oder er ritt auf seinem Araber Hengst. Das liebte er. Sein Araber war sein Lieblingsfortbewegungsmittel. Zwar war der nicht besonders schnell und muckte auch mal gerne, aber er war nett anzuschauen. Sein langes Haar, eine Wonne. Sein starker und kräftiger Rücken, ein Bild für die Götter. Und dieser herrliche Schwanz, ein Prachtexemplar. Nicht, dass er schwul war, um Gotteswillen, aber er war eben auf eine gewisse Art ein Ästhet. Ja, das war es, worauf er jetzt Lust hatte. Sein Araber musste her. Flink schnappte er sich sein Mobiltelefon und rief eine seiner Sekretärinnen an. „Bringt mir meinen Araber Hengst, mir gelüstet es zu reiten!" Dann legte er auf. Er fühlte sich wie ein König in der Renaissance. Das war Luxus. Da kam auch schon die angerufene Dame mit dem Araber an der Leine herangetreten. „Sir, Ihr Araber, frisch gestriegelt und geputzt." Sie übergab ihm die Leine. „Ah, traumhaft. Danke, meine Gnädigste, Sie dürfen sich jetzt entfernen. So, und nun zu dir, mein Treuster. Bück dich nach vorne, damit ich auf dir durch meinen Garten stolzieren kann!" „Ich hab aber keine Lust!", antwortete der Mann an der Schnur. „Na, ich glaub es hackt wohl. Wird's wohl bald? Ich hab dich nicht umsonst hier eingestellt!" „Ich hatte mich ja auch eigentlich als Stalljunge beworben!" „Ja, du bist ja auch mein Junge im Stall. Aber über die Arbeitsbedingungen bestimme ja wohl immer noch ich!" Der Araber namens Hengst bückte sich. Jackl Tackle sprang mit einem freudigen Satz auf ihn auf und trat ihm dann mit voller Wucht in die Seiten. „Hü Hot, mein Guter, auf zu der Obstplantage." Dann ging es im Trab los. Jackls Haare flatterten im Wind. Er sah aus wie Djingis Khan in seinen besten Jahren. Er hatte aber auch irgendwie etwas Barbarisches. Immer und immer wieder trat er dem Mann unter sich in die Seite. „Hüa, hüa, schneller, mein Freund, schneller." Mit wahnsinnigem Tempo ritten sie der Abendsonne entgegen.

Die Sonne stand immer noch verdammt weit oben. In dem Raum, in dem sie untergebracht waren, war es zwar recht dunkel und schattig gehalten, trotzdem war es irrsinnig heiß hier drin. Glühend heiß. Bestimmt vierzig Grad im Schatten. Die Mittagssonne hatte die Baracke in eine regelrechte Sauna verwandelt. Nur nicht so luxuriös. Der Durst, den Naomi jetzt gerade verspürte, war kaum noch auszuhalten. Man fühlte sich wie bereits tot. Eine Art Trancezustand. Jede Sekunde versuchte man an irgendetwas anderes zu denken, nur nicht an den Durst. Und jede zweite Sekunde dachte man wieder an ihn, weil er so an einem zerrte. Stundenlang ging dieses Spiel. Durst, der Typ rechts von einem, Durst, die Kinder in der „letzten Ecke", Durst, ein Huhn, das ein Ei legt, Durst, eine Kuh, die verdurstet,

Durst, Durst. Man konnte den Gedanken einfach nicht verdängen. Schrecklich. Dieser Durst. Es war nun *genau sechs Uhr vierzig abends*. In sechs Stunden würde die Schwester wiederkommen. Naomi kam jede Minute vor wie ein Tag. Den anderen ging es wohl auch nicht besser. Sechs Kinder weiter von ihr erbrach sich auf einmal ein anderes kleines Mädchen. Es war eine Mischung aus Magensäure und Blut. Sie hustete bitterlich. Bei jedem Husten stieß sie einen widerlichen Gestank aus sich heraus. Sie verschleuderte den Gestank ihrer Kotze. Ein beißender Geruch. Naomi konnte kaum atmen, da sie sich sonst wohl auch übergeben hätte. Das Mädchen hustete weiter. Plötzlich stoppte sie. Dann folgte noch ein röchelndes Einatmen. Dann Stille. Die war hinüber. Naomi musste sich bemühen, nicht zu tief durch die Nase zu atmen. Sie durfte auf gar keinen Fall brechen. Ihre Kehle war viel zu trocken. Flüssigkeitsverlust war jetzt Tabu. Vom Brechen würde ihre Kehle noch viel trockener und vor allem heißer werden. Würde sie sich jetzt übergeben, wäre es zu Ende mit ihr, keine Frage. *Zehn Minuten später* hatte sich der gröbste Gestank wieder gelegt. Sie lebte noch. Aber ob der Tod so viel schlimmer sein konnte als das hier, da war sie sich nicht sicher.

Officer Dickhead bearbeitete gerade eine texanische Hure, als sein Beeper beepte. Jetzt nicht, dachte er sich, und drückte mit seinem rechten großen Zeh auf den Off-Schalter. Mit den Händen konnte er gerade nicht. In der rechten Hand hielt er eine Zigarette und sein rechter Mittelfinger steckte gerade in Bonitas Poloch. Er rauchte durchgehend beim Sex. Und ansonsten auch. Rauchen war eine seiner Leidenschaften. Für nichts und niemanden auf der Welt würde er diese aufgeben. Er liebte es. Dieses Gefühl von Befriedigung, wenn der kühle Rauch in seine Lunge glitt. Dieser leichte Schmerz, wenn man die einundvierzigste Zigarette des Tages rauchte und die Lunge selbst eigentlich jeglichen Qualm ablehnte und man ihn mit seiner eigenen Kraft dennoch runterzog. Dieses Gefühl von Überlegenheit dem eigenen Körper gegenüber. Wundervoll. Hätte er damals schon gewusst, dass die Diagnose vom Arzt nur drei Monate später Krebs sein würde, hätte er darüber vielleicht anders gedacht. Aber davon ahnte er gerade nichts und so rauchte er munter weiter und bearbeitete diese kleine dreckige Möse. Schließlich heißt es nicht umsonst „Leidenschaft ist eine Leidenschaft, die mit Leiden schafft, was Leiden schafft".

Der schwarze Mann vor ihm fuchtelte immer noch mit seiner Knarre vor Donalds Augen rum und fluchte dabei. Mein Gott, der regte sich aber auch auf. Dabei war die Sache doch halb so wild gewesen. Schließlich war niemand dabei zu Tode gekommen. Und dann auch noch dieser fürchterliche Slang. Nur Schimpfwörter. Hatte der Kerl denn wirklich nichts anderes anzubieten? Dann entschloss sich McFleischhauer sein Schweigen zu brechen. „Meine Güte, es tut mir Leid!" „Was?", entgegnete ihm Big Pack. Donald konnte es selbst noch nicht ganz fassen, was er da gerade gesagt hatte. „Ja, es tut mir Leid. Ich war besoffen gewesen, OK? Ich hab nichts gegen Euch Typen, ehrlich, ich finde die meisten von Euch sogar ziemlich cool. Ich war halt breit und da hab ich nicht nachgedacht. Und das mit dem Verprügeln tut mir ebenfalls Leid, entschuldige. Ich war nicht Herr meiner Sinne und da bin ich ausgerastet. Das war falsch." „Und Du meinst, das reicht? Meinst Du wirklich, das reicht mir, und jetzt kannst Du hier einfach wieder rausspazieren, als wär nichts gewesen?" „Wie gesagt, es tut mir Leid. Sollen wir uns nicht einfach die Hände reichen und sagen Schwamm drüber? Wir sind doch schließlich alle nur Rapper, egal welche Hautfarbe, egal welches Alter!" „Alter, Du machst mich echt fertig, erst machst du Anstalten mich zu töten und dann machst du einen auf Moralapostel. Ich sollte dich killen.

35

Einfach nur killen!" Big Pack richtete die Waffe auf ihn. „Ey, Big Pack, lass den doch gehen.", meinte einer der Beistehenden. „Ja.", meinte ein anderer. „Der war vorhin glaub ich echt voll nicht er selbst, Mann. Scheiß doch auf den. Der hat ohnehin nicht mehr lange." „Was ist los mit euch Jungs?", regte sich Big Pack auf. „Kommt mal klar auf euer kleines Leben. Der Typ wollte mich vorhin abmurksen und jetzt hat sich das Blatt gewendet und jetzt murks ich ihn ab. So läuft der Hase eben. Oder was sagst du dazu, G. K.?" Er blickte auf einen dritten Mann in der Runde, der ihm scheinbar relativ verbunden war. „Lass ihn gehn, Bro!" Big Pack nahm die Knarre wieder runter. „Ihr macht mich fertig, Jungs!" Zwei der Typen machten Donald wieder los. Er stand auf. „Du hast zehn Sekunden, dich aus meiner Wohnung zu verpissen, du Penner." Donald verließ die Bude und ging das Treppenhaus runter. Draußen auf der Straße angekommen, blickte er noch einmal zu der Wohnung hinauf, in der er eben schon sein Ende vermutet hatte. „Lutscht meinen dicken fetten Penis, ihr Mutterficker!", schrie er zum Fenster hoch. Dann rannte er los. Hinter sich hörte er noch Gefluche und Geschreie aus dem Fenster, man würde ihn platt machen und er könne bald jeden seiner Knochen irgendwo anders auf der Welt verteilt wieder aufsammeln. Aber das machte Donald MC McFleischhauer schon nichts mehr aus. Er saß bereits wieder im Bus und fuhr wieder zurück in den anderen Stadtteil. Dort angekommen, ging er erstmal in eine Kneipe, um das Erlebte zu verarbeiten. Das ging immer am besten mit Wiskey und Scotch. Am allerbesten beides gleichzeitig. Und am allerallerbesten noch ein Bier dazu.

Familie Schroer stand am Kofferband. Das reimte sich zwar, war aber trotzdem ein anstrengendes Prozedere. Sie waren mit einer sehr großen Maschine geflogen, und Vater Schroer hatte natürlich wie immer in seinem üblichen Übereifer schon am

Tag vor der Abreise eingecheckt. Das Problem war nun natürlich, dass die Koffer der Familie ganz hinten im Gepäckraum waren und sie dementsprechend lange warten mussten. So ein Bockmist. Die ersten werden die letzten sein. *Nach gut einer Dreiviertelstunde* kam dann endlich ihr Gepäck angetrudelt. Blöderweise kippte einer der Koffer in der ersten Kofferbandkurve um, und fiel vom Laufband in den mittleren Kreis. „Verdammich!", schrie die Mutter auf. „Jetzt muss einer über das Gepäckband klettern. Freddy, Du bist jung und sportlich, kannst Du bitte kurz den Koffer zurückholen." Freddy war alles andere als sportlich. Sein Körperbau ließ sich eher mit dem Adjektiv „wurst" umschreiben. Er wusste, dass es für Außenstehende ein Bild für die Götter gewesen wäre, wenn er auf diesem Laufband rumstolpern würde. Aber er war ungern ein Bild für die Götter, das war er früher beim Schulsport schon zu genüge gewesen. „Nee, keinen Bock, ich bin doch nicht peinlich!" „Dir ist auch alles peinlich, wie?", stöhnte Frau Schroer. „Na ja, Schatz, könntest du das vielleicht dann in Angriff nehmen?" Herr Schroer erfüllte plötzlich ein Gefühl von Ehre, Stolz und Mut. Dies war seine Chance, allen zu zeigen, wie fit er noch war. „Noch derselbe Axel wie damals!", wollte er die Menge grölen hören. Dass der Axel von damals vielleicht nicht der beste Axel der Welt war, blendete er für diesen Moment auch einfach mal aus. Todesmutig erspähte er sein Ziel. Dann trat er einen Schritt zurück. „Keine Sorge, Baby, ich hol uns das Teil wieder." Friedolin drehte sich weg und gab sich so, als gehöre er nicht dazu. Mutter und Tochter feuerten ihn an. „Papa, Papa!" Dann sprintete Axel los. Immer sein Ziel vor Augen. Dann sprang er ab. Im hohen Bogen ging es flux auf das Laufband zu. Während er durch die Luft flog, hielt er sich mit seiner rechten Hand am linken Fuß fest. Er nannte das „tricky". „Grazie" traf es wohl besser. Dann landete er auf dem Laufband. Gestanden! Er sah cool aus. Und professionell. Doch der Run war noch nicht beendet. Jetzt musste er noch etwa zwanzig Meter auf dem Laufband zurücklegen, um an den Koffer zu gelangen. Zwar hätte er diese Strecke auch neben dem Laufband im inneren Kreis zurücklegen können, aber er war schließlich keine Schwuchtel[6]. Er war ein Mann! „Kommen Sie sofort da runter, Sir!", rief plötzlich ein daneben stehender Flughafenangestellter. Herr Schroer, der gerade dabei gewesen war, ein paar nette Pirouetten und Radschläge aufs Parkett, oder besser gesagt aufs Laufband zu legen, änderte ruckartig seinen Gesichtsausdruck. Von angeberisch gemischt mit einem Touch Humor zu geschockt gepaart mit einem Haufen Schiss. Schon sprang auch der Aufpasser auf das Laufband auf und rannte hinter Herr Schroer her. Das war nun wirklich ein Bild für die Götter. Beide rannten auf dem Laufband und stolperten unentwegt. Frau Schroer musste ein wenig schmunzeln. Friedolin und seine Schwester lachten. Selbst die beiden auf dem Laufband kicherten ein bisschen, weil sie die Komik der Situation wohl auch nachvollziehen konnten. Plötzlich stolperte der Aufpasser erneut, nur dass er wirklich ungeschickt fiel und sich nicht mehr halten konnte. Er stürzte vom Kofferband und schlug sich den Hinterkopf an einer Kante auf. Das allgemeine Gelächter verstummte. Der Mann regte sich nicht mehr. Schnell spurtete Vater Schroer zu dem Koffer und flitzte zu den anderen zurück. „Wir müssen jetzt!" Sie gingen zum Ausgang. Als die Tochter fragte, was mit dem Mann losgewesen sei und warum er sich nicht mehr geregt hätte, antwortete Herr Schroer, dass der Mann eingeschlafen sei, weil eben nicht alle Menschen so fit sein könnten wie der Papa. Den Vor-

---

[6] Schwuchtel nicht im Sinne von homosexuell, sonder im negativen Sinne, wie ihn die heutige Jugend der Unterschicht degradierend für Männer mit zu femininem Verhalten nutzt.

fall hatte übrigens keiner mitbekommen, da alle anderen Passagiere ihr Gepäck zu diesem Zeitpunkt schon eingesackt hatten. Glück für Familie Schroer. Pech für den Flughafenaufpasser. Ihn würde in der nächsten Dreiviertelstunde keiner finden, was seinen Zustand nicht gerade verbesserte. Zwar überlebte er die Geschichte, aber ob man das, was nach seinen sechs Monaten Krankenhausaufenthalt auf ihn zukam noch „leben" nennen durfte, ist auch sehr fraglich. Jedenfalls war er nicht mehr des Sprechens mächtig, somit konnte er also auch niemals den Vorfall schildern. Auch ansonsten konnte er nachher nicht mehr viel. Die Familie ging nach draußen. Sie mussten sich in eine ewig lange Schlange vor den Taxis einreihen. Die Mutter entschloss, dass sich der Sohn anstellen sollte, während sie mit der Kleinen mal kurz zur Toilette gehen musste. Der Vater sollte sich derweil irgendwo hinsetzen und schon mal die Unterlagen für das Hotel ausfüllen. Murrend stellte sich Friedolin hinten an der Schlange an. „Entschuldigen Sie!", quatschte ihn der Mann rechts von ihm an. „Hättest Du vielleicht Interesse, mir ein paar Fragen zu beantworten? Es gäbe auch zwei Dollar Prämie!" Friedolin hatte nichts dagegen einzuwenden. „OK, dann bräuchte ich erstmal Deinen Namen. Du bist doch schon Volljährig, oder?" „Ich bin fünfundzwanzig! Mein Name ist Friedolin Schroer." „Also, gibt es etwas, dass Du absolut nicht ausstehen kannst?" „Menschen, ich hasse Menschen!" „Aha, und warum?" „Weil sie mir auf den Sack gehen!" „OK. Gut, dann die nächste Frage. Gibt es irgendwelche Situationen, mit denen Du nicht gut umgehen kannst, und wenn ja, welche?" „Wenn ich mit Menschen zu tun hab!" „Wie viele Freunde hast du?" „Definieren Sie bitte Freunde." „Freunde im Sinne von Menschen, die..." „Null!" „Wenn die Frage gestattet ist, wie viele Sexualpartner hattest Du? Nur mal so grob überschlagen!" „Zwei!" „Das ist doch mal gar nicht so schlecht! Waren das Männer oder Frauen?" „Ach so, sie meinten menschliche Sexualpartner." „Wieso? Ändert sich da etwa etwas an der Anzahl?" „Ach, nicht wesentlich, sie können etwa einen davon abziehen!" „Und das andere Mal, war das Mann oder Frau?" „Mann!" „War der älter oder jünger als du?" „Nee, genauso alt!" „OK, ich find das sehr cool, dass du mir das alles so offen beantwortest. Ich hab nichts gegen Homos!" „Ich bin aber nicht schwul!" „Aber Du hattest doch mal was mit einem anderen Mann!" „Das mit dem anderen hab ich nicht behauptet, ich hatte mal was mit mir!" „In Ordnung. Das ist natürlich auch ganz nett. Noch eine Frage hätte ich da. Was machst Du eigentlich beruflich?" „Ich studiere Germanistik und Kunstgeschichte." „Ehrlich? Germanistik?" „Ja, was dagegen?" „Absolut nicht, mein Freund, das ist nur der totale Zufall. Wir suchen nämlich zur Zeit in unserer Firma einen Germanistikstudent, für einen hammerbezahlten Job!" „Wirklich? Aber ich bin noch immer im ersten Semester!" „Erstes Semester, perfekt! Genau so einen suchen wir. Alle anderen fertig Studierten, die sich bei uns vorgestellt haben, waren irgendwie völlige Chaoten, die waren schon so ausgebaut, irgendwie!" „Was ist denn das für eine Firma!" In diesem Moment kam Papa Schroer zurück. „Ich glaube kaum, dass mein Sohn Interesse hat! Er ist sehr glücklich in Deutschland!" Der Fragebogenmann nahm trotzdem die „Your Mind" Visitenkarte heraus und drückte sie Freddy in die Hand. „Falls Du doch Interesse hast. Die Adresse steht hinten drauf. Ist auch echt super bezahlt. Überleg es Dir gut!" Der Mann ging weg. Friedolin starrte noch ein bisschen auf die Karte. „Du wirst da doch wohl nicht etwa hingehen!", mahnte sein Vater. „Nein." „Gut, du hättest eh nicht gedurft." Dann kamen Mama und Tochter auch wieder zurück. Sie hatten fein Pipi gemacht. Die Schlange vor den Taxen hatte sich noch nicht besonders deutlich verkürzt. Ein Grund für Axel Schroer, seinem Sohn mal wieder eine seiner Grundsatzdiskussionen vorzudiskutieren. „Apropos Job und so. Wie lange hast du eigentlich noch vor, dieses Gedöns zu studieren? Willst du ewig auf meiner Brieftasche liegen? Mach mal was aus deinem Leben! Guck dir deine Schwester an, die ist viel Jünger als du und schon zehnmal so hübsch. Das ist wenigstens etwas. Und sie bringt uns eine Eins nach der anderen nach Hause, du nur Sorgen. Du hast dein ganzes Leben bislang nur verschwendet!" Hatte der vielleicht eine Ahnung, dachte Friedolin. Heutzutage gab es eben viel mehr Ablenkungsfaktoren als früher! Wie sollte man als junger Mensch Interessen oder Stärken bei sich selbst entdecken, wenn einen die Unterhaltungsindustrie so stark mit immer neuen Neuheiten überdeckte. Da war es nicht leicht, immer bei der Realität zu bleiben. Sein Vater hatte für all das jedoch noch nie Verständnis gehabt. *Gut eine Stunde später* hatten sie endlich ein Taxi.

Sein Ausritt war beendet, aber sein Arbeitstag noch lange nicht. Aber was sollte er machen? Er hatte sich diesen Fulltimejob schließlich selbst ausgesucht. Er ging zurück in sein Arbeitszimmer. Kaum hatte er sich wieder in seinen Schreibtischstuhl gelümmelt (Er saß da falsch rum drauf, die Beine nach oben, über die Lehne baumelnd, und sein Rücken lag auf dem Sitzteil. Seinen Kopf ließ er einfach vorne rüberhängen. Er empfand das als bequem.), klingelte auch schon das Telefon. Mit einem geschickten Trick und ordentlich Schwung drehte er sich wieder richtig rum und nahm ab. „Mister Tackle, es ist jemand für Sie am Telefon, wegen morgen!" „Stellen Sie ruhig durch, aber sagen Sie ihm nichts davon, das Sie durchstellen, OK? Einfach auf Durchstellen drücken!" Er hatte einen Plan. Schon war er mit dem Herrn, der ihn sprechen wollte, verbunden. „Hallo? Ist da noch wer dran? Wurde ich bereits durchgestellt?" Jackl Tackle stellte seine eigene Stimme extrem hoch. „Nein, hier ist noch seine Sekretärin, ich habe Sie noch nicht durchgestellt, er hat noch zu tun. Er sagte, er bräuchte noch fünf Minütchen. Aber in der Zeit können Sie ja ein bisschen mit mir Quatschen. Was halten Sie eigentlich so von Mister Tackle, ich meine so als Arbeitgeber und so?" „Mister Tackle? Sind Sie das?" „Nein, ich sagte doch schon, dass ich seine Sekretärin bin." „Aber ich hab Sie doch eben kichern gehört und ihr Kichern ist unverkennbar!" „Hier ist die Sekretärin!" „Mister Tackle, kommen Sie schon, Sie brauchen mich doch nicht..." „Ach wissen Sie was, Martin, Sie können mich mal Kreuzweise!" Wütend legte Jackl Tackle auf. Wie konnte dieser Martin Martinez ihn nur erkannt haben? Er war doch ein grandioser Stimmenversteller! Das Telefon klingelte erneut. „Mister Tackle, es ist noch mal Martin Martinez." „Ich habe jetzt keine Zeit mehr für ihn. Sagen Sie ihm, er soll es morgen noch mal versuchen." „Aber morgen ist es doch schon zu spät, Mister Tackle. Da hat er doch schon seinen Auftritt!" „Das kann man sich vorher überlegen, bevor man seinen Vorgesetzten die Spielchen verdirbt. Wegen dem ist jetzt mein heutiger Tag scheiße, also ist wegen mir sein morgiger für den Arsch. Gleiches mit Gleichem und Auge um Auge, Zahn um Zahn!" „Also Sie wollen wirklich nicht, Mister Tackle?" „Nein, Mann!" „Ich werde es ihm ausrichten, Mister Tackle!" Na endlich, irgendwann musste sie es ja mal rallen. Genervt und angekotzt lehnte er sich in seinen Stuhl zurück. Wie ätzend! Der Tag war gelaufen! Er hatte nun so richtig Miese Laune. Und die musste an irgendwem ausgelassen werden. Schon klingelte das Telefon erneut. „Ja?" „Mister Tackle, Martin Martinez hat gekündigt. Er hat gesagt, ohne die Info, die er brauche, sei er morgen nicht für Sie einsatzbereit." „Geben Sie mir auf der Stelle seine Nummer!" Schnell rief Jackle Tackle bei Martin Martinez an. „Hallo, Herr Martinez?" „Japp?" Martin Martinez war ziemlich eingeschnappt, das merkte man sofort. „Hören Sie mal, alter

Junge, das vorhin war doch nur ein kleiner Scherz! Natürlich wollte ich Sie noch anrufen. Ich wollte nur testen, ob Sie richtigem Druck standhalten können ohne beleidigt zu sein. Und wie sich das für mich anhört, wenn ich Ihrer Stimme richtig gelauscht habe, haben Sie den Test bestanden! Oder sind Sie etwa beleidigt?" Er war dermaßen geschickt. „Ich bin nicht beleidigt!" „Sehr gut, Martinez, Sie sind einer meiner besten Männer. Also dann, bis demnächst!" „Warten Sie, ich brauch doch noch die Info!" „Ach ja, natürlich, legen Sie los!" „Wann geht mein Flieger morgen? Ich muss doch rechtzeitig ankommen!" „Acht Uhr dreißig in der Früh. Also, heute Abend geht's früh ins Bettchen! Schlafen Sie schön, mein Guter." „Mister Tackle, ich bin sehr aufgeregt vor morgen." „Ja, das ist normal, am besten Sie legen sich schnell schlafen." „Aber ich habe wirklich etwas Angst!" „Ja, ja, dann am besten jetzt ab ins Bettchen!" „Aber es ist erst *neun Uhr abends*!" „Ja, ja, jetzt ist aber gut. Tschüss!" Er legte flott auf. Meine Herren, war ihm der auf den Sack gegangen. Ihm stand es schon bis zum Hals. Einen Haufen Amateure hatte er sich da an Land gezogen. Jetzt war er sich auch unsicher über den morgigen Tag.

Er hatte gelogen. „Your Mind" suchte gar keinen neuen Angestellten. In Wahrheit suchten sie eher einen neuen Vollidioten. Die Etage, auf der sein Arbeitsplatz war, hatte eine besondere Aufgabe vom Chef erhalten. Das Projekt hieß „From Zero To Hero". „Your Mind" wollte einen neuen Werbefilm drehen, getarnt als Realityshow. Der Wolf im Schafspelz quasi. Oder die Made im Speckmantel, irgendwie eben. Jedenfalls ging es um folgendes. Ein totaler Vollloser sollte umgestylt werden und ein völlig neues Bewusstsein eingetrichtert bekommen, um so mehr Erfolg im Leben zu haben. Alles sollte natürlich unter dem Namen und durch Mitarbeiter von „Your Mind" geschehen. Um diese geniale Werbeidee nicht schon vorher an die

Öffentlichkeit geraten zu lassen, wollte man Internetanzeigen und publizierte Castings vermeiden. Deshalb sollte eben nur diese eine Etage der Firma nach einem Vollidioten suchen. Im eigenen Freundes- und Bekanntenkreis, auf der Straße, in der Familie oder sonst irgendwo. Derjenige, der den Loser auftreiben würde, würde sofort befördert werden. Er selbst hatte sich die Prämie bereits abgeschminkt. Einfach aus dem Grund, weil er niemanden kannte und auch mit kaum jemandem redete. Die anderen jedoch hatten auch nicht wesentlich mehr Chancen. Einfach aus dem Grund, weil sie sich nur mit coolen, schönen Leuten abgaben und auch nur solche kannten. Außer einen, und zwar ihn, aber das zählte ja nicht. Zum Glück. Die hätten ansonsten auf jeden ihn gewählt! Und eine Rolle als Depp im TV hätte ihm neben seiner Rolle als Depp in der Realität gerade noch gefehlt. Er hatte das Projekt schon längst vergessen. Doch als er Friedolin so reden gehört hatte, war ihm die Sache sofort wieder eingefallen. Als der dann noch seine Studienfächercombo genannt hatte, war ihm klar geworden, dass er den perfekten „Zero"-Typen abgeben würde. Er hätte nie gedacht, dass er mal einen größeren Verlierer als sich selbst erleben würde. Doch da hatte er plötzlich vor ihm gestanden. Er hatte seine Chance einfach nutzen müssen. Das einzige Problem war, ob Friedolin überhaupt kommen würde, und ob er dann überhaupt mitmachen würde. Obwohl er sich bei letzterem ehrlich gesagt weniger Sorgen machte. Denn sollte Friedolin auch nur halb so unselbstbewusst sein wie er, so könnte der sowieso nicht nein sagen. Folglich hieß es einfach nur hoffen, dass Friedolin morgen antanzen würde. Er musste einfach, schließlich war es wirklich mal an der Zeit für einen Aufstieg in der Firma. Grinsend flitzte er in seinem Auto mit vierzig Sachen über den Highway. Er sah sich schon im Cabrio mit vollbusiger Blondine im Arm Cocktails schlürfen. Plötzlich hielt ihn ein Polizist an. „Alkohol am Steuer ist aber nicht die feine Art, mein Herr, könnten Sie bitte mal aussteigen." Er nahm seine Sonnenbrille ab und blickte auf den Mann in blau. „Verzeihen Sie Officer, wie war das?" „Oh entschuldigen Sie bitte, Sie sind ja der König der Welt! Schönen Tag noch, Sir Roy!" „Sir Sir Roy, wenn ich bitten darf!" Dann fuhr er die Flügel aus seinem Auto aus und flog davon gen Himmel. Die Menge applaudierte. Sogar die Vögel huldigten seinem Namen. Dann kam er noch auf einen Cafe beim lieben Herrgott hinein, lieh ihm etwas Geld und machte sich dann wieder auf in sein Auto zu seiner Blondine. Leider war das alles noch Illusion. Noch!

Es war halb vier und er war mehr als abgefüllt. Diesmal hatte er es wirklich übertrieben. Meine Güte, wie versoffen konnte man eigentlich sein? Dies fragte sich zumindest der Typ, den Donald in seinem rechten Arm gefangen hielt und dem er ununterbrochen seine Lebensgeschichte aufschwatzte. Seit einer halben Stunde ging das nun schon so. „Und dann habe ich diesem Arschloch von Chef gesagt, dass er mich mal am Arsch lecken könne, ‚am Arsch lecken können Sie mich mal', habe ich zu ihm gesagt..." Donalds Griff wurde immer fester. Der Mann fühlte sich sichtlich unwohl. „So ein Arschloch. Und dann habe ich ihn gefragt, ‚sagen Sie mal', habe ich gesagt... äh, gefragt, ‚sagen Sie mal, was glauben Sie eigentlich', hab ich ihn gefragt, ‚was glauben Sie eigentlich, wer Sie sind'..." Der Mann versuchte immer wieder die Luft anzuhalten. Donald stank zehn Meilen gegen den Wind nach Schnaps und Kotze. Hin und wieder versuchte der Bedrängte heimlich, indem er die rechte Seite seines Mundes öffnete, Luft zu holen. Jetzt bloß nicht durch die Nase atmen, dachte er. Wann würde endlich mal jemand kommen und diesen Kerl rausschmeißen? „Und wissen Sie was? Hä? Wissen Sie was der Arsch dann gesagt hat? Dieser Arsch von einem Arschloch hat doch tatsächlich gesagt, der hat gesagt, ich solle ihn bitte in Ruhe lassen und gehen! Ich! Ihn! In Ruhe lassen! Der Kerl war wirklich nicht mehr bei Trost! Da hab ich ihm natürlich eine runter gehauen! War doch richtig, oder?" „Hmh, schon." Der Mann wusste, dass er jetzt bloß nichts Falsches sagen durfte. Er musste Donald einfach in allem bestätigen. Auch durfte er kein Desinteresse zeigen, geschweige denn versuchen zu gehen. Alte Männer im Alkoholrausch können verdammt aggressiv werden. „Das war wirklich ein Arschloch. Und der meinte auch noch, dass er der beste sei..." Dem Mann stand die Kotze schon bis zum Hals. Dieser fiese Gestank! „Dieser Arschwichser. Bestimmt war der auch noch schwul oder sonst was. Bildet sich was drauf ein, dass er studiert hat." Der Mann musste würgen, aber er machte es heimlich. „BWL! Oh, der feine Herr! Hielt sich für was Besseres..." Dem Mann gerieten die ersten Bröckchen mit Soße in den Mund. Er schluckte es wieder runter. „Am liebsten hätt ich dem meine Faust in sein Arschloch geschoben, diesem Arschloch..." Es kam ihm wieder hoch. Er schluckte erneut. „So ein Arschloch. Feuert mich einfach, nur weil ich ein paar Mal nicht pünktlich war. Dabei hatte ich doch fast jedes Mal einen Grund gehabt! Ich bin halt kein Frühaufsteher..." Der Mann übergab sich quer über den Tresen. Erst einmal, dann noch einmal, und als Donald sich zu ihm hinbeugte, um nach seinem neuen Saufkumpanen zu schauen, übergab er sich direkt fünf Sekunden am Stück. Dann legte der Mann einen Zwanziger auf den Tisch, drückte Donald mittelmäßig sanft zur Seite, als dieser sich gerade nach dessen Zustand erkundigen wollte und verließ wortlos die Kneipe. Nun saß Donald wieder allein da. Die anderen Leute im Lokal verließen irgendwie plötzlich nach für nach, aber zügig die Kneipe, als er sich gerade nach einem neuen Zuhörer umschaute. Als er sich dem Wirt zuwendete, erklärte dieser, dass die Bar jetzt geschlossen hätte und Donald wirklich gehen müsse. Donald ging wehmütig hinaus auf die Straße. *Es war gerade Nachmittag*, die Straße war dementsprechend leer. Die meisten Leute arbeiteten wohl. Was für ne Einstellung, dachte Donald. Er war immer noch deprimiert, dass er nun ohne Wohnung dastand, ganz allein. Nicht mal das Hip-Hop-Battle hatte richtig funktioniert. Er brauchte jetzt was zum runterkommen. Irgendetwas anderes als Alk. Er entschloss sich, in den Central Park zu gehen, um sich von den dort Wohnhaften und Ansässigen beraten und auf den neusten Stand der Dinge bringen zu lassen, was einen denn in einer Situation wie der seinigen richtig schön glücklich stimmt. Auf dem Weg und in der U-Bahn verhielt er sich verhältnisgemäß ruhig. Er wäre auch zu dicht für Zoff gewesen, was wohl bemerkt eine Seltenheit war. Als er jedoch *rund einundzwanzig Minuten später* im Park ankam, fühlte er sich schon wieder recht Normal. Man gewöhnt sich eben daran, mit einer gewissen Promillezahl umzugehen. Reine Übungssache. Im Park ging er zielstrebig zu der Bank nahe dem Kinderspielplatz Süd. Da hingen auch schon die Jamaikaner, Mexikaner und andere Drogenspezialisten herum. „Hallo Jay, wie geht es Dir, altes Haus?" rief er in die Menge. „Lange nicht mehr gesehen! Hast Du irgendwelchen neuen Shit am Start?" Das war ein Trick von ihm. Natürlich kannte er keinen einzigen von diesen Junkeys. Aber irgendeiner in diesen Truppen hieß immer Jay und wenn die glaubten, man sei bereits per Du, sahen die Preise schon immer gleich ganz anders aus. „Yo Mann, was geht ab?", meldete sich ein Rastafari aus der Mitte. „Worauf willste denn heute so abgehen?" „Ach, ich hatte da eigentlich an nichts konkretes gedacht, Homie, aber wie wärs mit dem üblichen Dope?" „Dope? My man, ich hab da was viel besseres für Dich!" Der Typ zückte ein kleines Tütchen aus seiner Hosentasche. Die Tüte war schwarz, nicht durchsichtig. Er öffnete sie. Innen drin waren viele bunte Pillen. „Das ist übelstes LSD gepusht mit Heroin und Koks, mein Freund. Nimm eine davon, und Du bist voll drauf!" „Ich nehme zwanzig!", sagte Donald. „OK, Mann, wie du meinst, aber sei echt vorsichtig! Das macht dann zweihundert Dollar." „Ich nehme vier!" Dafür verlangte der Drogenhändler vierzig Dollar. Donald drückte dem Mann vor sich achtzehn Dollar fünfzig in Eindollarscheinen und Kleingeld in die Hand, schaute diesem dabei ganz tief und doch freundlich in die Augen, nahm die Tüte und ging dann mit zügigem Schritt davon. Als er um die erste Baumreihe herum war, legte er einen kurzen Sprint ein, dann mäßigte er seinen Gang wieder, sprintete noch einmal kurz, als ihn ein kurzer Anflug von Panik überkam, und ging dann wieder normal. Der Rastamann würde schon nichts gemerkt haben. Dann rannte er doch lieber noch mal ein kleines Stück, bis er sich hinter einen Baum setzte, der ihn im Notfall verstecken würde. Nur so, im Falle eines Falles. Dann stand er noch mal auf, weil er plötzlich Hummeln im Hintern bekam und ging ein paar Bäume weiter. Junkeys ließen sich echt nicht gerne bescheißen. Er beschaute die vier Tablettchen. Sie hatten alle unterschiedliche Farben. Gelb, blau, grün und dunkelgrün. Hübsche Farben, dachte Donald. Nun musste er sich jedoch für eine entscheiden. Er wollte es ja nicht gleich übertreiben und alle auf einmal nehmen. Die Wahl fiel auf grün, ganz ohne Grund, einfach so, aus Zufall. Er steckte die drei übrigen zurück in seine Hosentasche. Danach machte er eine Faust mit dem Daumen nach oben gehalten, legte die Grüne auf seinen Daumen und machte den Mund weit auf. Dann flippte er die Pille lässig und im hohen Bogen zu seinem Mund. Daneben. Das Scheißteil plumpste in eine Pfütze. Verdammt. Er konnte sehen, wie sich das Ding langsam aufzulösen begann. Jetzt hieß es handeln. Schnell griff er ins Wasser und grapschte nach dem Objekt seiner Begierde. Er schluckte es runter. Irgendwie ekelhafter Geschmack, dachte er sich. Dann bemerkte er, dass die grüne Pille gar nicht in, sondern neben die Pfütze gefallen war. Er hob sie auf und schluckte sie runter. Was zum Henker hatte er dann wohl gerade verschluckt? Er wusste es nicht. Und würde es wohl auch nie erfahren. Er wartete eine Weile. Keinerlei Effekt. Na toll. Plötzlich wurde ihm schlecht. Sonst war alles wie vorher. Die Drogen hatten nichts bewirkt. Ein kompletter Reinfall. Außer dass alles irgendwie total witzig war und er seit dem er das Zeug eingeschmissen hatte die ganze Zeit kicherte, aber das konnte doch wohl nicht ernsthaft so viel Geld wert sein. Hinzu kam noch, dass ihm der Flamingo, der sich plötzlich neben ihn gesetzt hatte, total auf den Sack ging und ihm ununterbrochen Geschichten aus seinem Leben erzählte. Von wegen er sei aus Afrika und habe drei Geschwister, genauer drei Mädchen, und er selbst sei das Opfer eines diktatorischen Vaters und einer komplett überforderten und psychisch kranken Mutter gewesen. Er, als einziger Sohn in der Familie, hätte schon früh erfahren müssen, was mütterlicher Narzissmus bedeutet. Auch schwatzte er von seinen Jahren in der Schule, und wie er es schaffte, sich vom Bürgertum zu lösen, um so eine Karriere als Künstler anzustreben. Das sei schon immer sein Traum gewesen. Mit der Bildhauerei und der Malerei klappte es wohl nicht so gut, weil er eben keine für Werkzeug gebräuchlichen Hände hätte, aber dafür sei er ein umso besserer Pantomime. Ob er mal zeigen solle? Donald lehnte dankend ab. Ihn interessierte das alles reichlich wenig. Ihm war einfach nur speiübel. Er musste irgendwas tun. Der pinke Vogel empfahl ihm gegenzusteuern. Dann schnallste jener mit der Zunge, leugnete noch flott den Holocaust und löste sich in Rauch auf. Das war es, dachte sich Donald. Der Gute hatte Recht! Er musste gegensteuern! Die Frage war nur, mit welcher Pille. Donald begann nachzudenken, was ihm erstaunlich leicht viel. Er hatte eine grüne Pille genommen. Mixt man blau mit gelb, kommt grün dabei rum. Mischt man hingegen grün mit gelb, bekommt man entweder ein helles grün oder ein dunkleres gelb, die Chancen ständen dann also fifty-fifty. Blau mit grün wäre natürlich totaler Quatsch. Also nahm er logischerweise, da er kein lila hatte, die dunkelgrüne Tablette. Das schlucken fiel ihm ziemlich schwer. Es kam ihm vor, als hätte er ein ganzes Schwein im Rachen. Dennoch, *nach rund einer Minute* Kampf war es vollbracht. Und siehe da, die Übelkeit war weg. Dafür hatte er jetzt allerdings Bauchweh. Schnell schmiss er sich die Gelbe ein. Gelb ist ja die Farbe der Gesundheit. Er würgte sie mit aller Kraft runter. Nun ging es ihm wieder gut. Das teilte er auch Gepetto mit, der sich neben ihn gesetzt hatte, um sich zu erkundigen, ob sein Sohn denn nun endlich ein richtiger Junge sei. Donald saß immer noch auf der Parkbank. Auf der anderen Seite der Wiese erblickte er auf einmal einen besonders schönen Baum. Dieser glänzte gülden, trug große kräftige Äpfel und um ihn herum räkelte sich eine Schlange. Wohl der Baum der Versuchung. Davon wollte er unbedingt eine Frucht, jedoch war der Park komischerweise in den letzten Minuten um ein vielfaches gewachsen. Da kam er unmöglich hin. Das machte ihn sehr traurig. Er sah sein Leben schon dahin fließen. Ohne einen dieser Äpfel machte seine erbärmliche Existenz einfach keinen Sinn mehr. Just in diesem Moment tauchte glücklicherweise auch schon Batman auf. Er sagte Donald, dass er sich nicht fürchten solle, denn er sei auserwählt ein Schiff zu bauen, auf welchem er von jeder Tiersorte... Noch während der Mann im schwarzen Umhang erzählte, briet ihm Donald eins mit dem Mülleimer links von ihm über. Dann würgte er den Superhelden und drohte ihm, allen zu erzählen, dass Batman in Wirklichkeit ein Verhältnis mit Robin hatte, als dieser noch minderjährig war, wenn er ihm nicht auf der Stelle sagen würde, wie er zu diesem Baum kommen könne.

Batman verriet ihm, dass er die blaue Pille benutzen müsse, um fliegen zu können, allerdings müsse er sie anal zu sich nehmen. Donald versprach der pedofilen Schwuchtel, dass er ihn im Falle einer Lüge das Arschloch zunähen, und ihm somit die passive Rolle komplett aus seinem Leben herausnehmen würde. Er holte die Pille hervor. Batman richtete schnell seinen gestreckten Arm in Richtung eines Hochhauses und zog sich mit der daraus schießenden Spinnennetzschnur das Haus hinauf. Dies verunsicherte Donald über die Identität des Superhelden. Aber er hatte keine andere Wahl. Es war seine einzige Möglichkeit. Er ließ die Hosen runter, bückte sich nach vorne und schob sich seine letzte Hoffnung in den Arsch. Das war immerhin schon mal besser als Schlucken. Dann wartete Donald wieder. Nichts geschah. Wenn dieser Wichser gelogen haben sollte... Doch da spürte er plötzlich etwas. Der Boden unter ihm begann zu vibrieren. Die Bäume und der Park schienen zu schrumpfen. Immer, immer kleiner wurden die Gegenstände und Pflanzen um ihn herum. Er wurde immer größer und wuchs ins unermessliche. Die Blocks und die Straßen entfernten sich immer mehr. Auf einmal stand er auf einem riesigen Schachbrett. Er war anscheinend der König, denn rechts neben ihm stand ein Läufer und links von ihm hielt die Dame Farbe. Gerade als er versuchen wollte, sich an die Dame ranzumachen, verschwanden sie und die restlichen Figuren. Nur noch die beiden Türme waren übrig und rückten an ihn heran. Er stand nun direkt zwischen ihnen, so dass sie drohten ihn zu zerquetschen. Dann blieben sie stehen. Plötzlich explodierten die beiden und das ganze Brett stand in Flammen. Alles brannte. Menschen betraten die Fläche und schrieen. Er war in der Hölle, das war sicher. Schon näherte sich ihm der Teufel höchstpersönlich. Er sagte zu Donald, dass er versagt habe und vergewaltigte ihn zur Strafe hart. Der Belzebub verschwand und ließ Donald allein zurück. Schwanger und nackt lag er plötzlich wieder in der Pfütze im Park. Er fühlte sich schmutzig. Er hatte das Bedürfnis, sich stundenlang zu duschen. Er zitterte. Plötzlich kamen zwei weiße Männer auf ihn zu und schlugen ihn mit einem Knüppel Knock Out.

Es war nun bereits *eine Stunde nach Mitternacht*. Jackl Tackle konnte einfach nicht einschlafen. Martin Martinez hatte ihn ganz aufgeregt gemacht. Normalerweise hätte er um diese Zeit noch gar nicht im Bett gelegen, sondern vermutlich noch gearbeitet, zum Beispiel einen Erotikthriller begutachtet oder ähnliches. Aber er wollte für den morgigen Tag einfach topp fit sein, für sein selbst erdachtes Medienereignis. Es war eines seiner größten Projekte der letzten Jahre. Und das wollte er natürlich mit hellwachen Augen sehen. Aber er konnte verflixt und zugenäht noch mal nicht schlafen. Er hatte bereits alles ausprobiert, Schäfchen bis hundert gezählt, zwei Schlaftabletten eingenommen, eine Benjamin Blümchen Kassette angehört, viermal onaniert, ja, sogar das Licht hatte er komplett ausgemacht. Allerdings hatte er *nach zehn Minuten* dann doch wieder sein Steckdosenlämpchen eingeschaltet. Ganz ohne hatte er einfach ein mulmiges Gefühl. Nicht, dass er ein Schisser war, nein, es war einfach die Macht der Gewohnheit. Zick mal hatte er sich hin und her gedreht, auf den Rücken, auf den Bauch, wieder auf den Rücken, dann auf die Seite, dann die Bettdecke zwischen die Beine und das Kissen über den Kopf. Es half einfach alles nichts. Er entschloss sich, noch ein bisschen mit einem seiner Mädels zu quatschen. Also machte er sich auf in den Flur und ging in die Küche. Aber da war niemand mehr. Keine Frau in der Küche, wo gibt's denn so was? Waren die wirklich alle schon im Bett? Er entschloss sich, an den einzelnen Zimmern zu horchen. Also ging es wieder in den Flur. Zunächst spazierte er zum ersten Raum und lehnte sein Ohr gegen die

Tür. Nur Geschnarche. Dann lief er zum zweiten Zimmer. Auch hier wieder nichts Waches zu hören. Bei Raum drei und vier war es auch nicht anders. Das konnte ja wohl nicht deren Ernst sein, wofür bezahlte er die denn? Er stellte denen alles zur Verfügung, Essen, ein Zimmer, welches sie sich nur mit neun weiteren Hausdamen teilen mussten, Schuhe, Putzmittel und sein Genital. Immer nur nehmen war wohl deren Devise, aber von Geben war hier keine Spur. Diese Blutsauger. Er ging zum letzten Raum, zu dem seiner Haremskönigin. Die musste einfach für ihn da sein. Als er horchte, war auch hier nichts zu hören. Er klopfte einmal leise gegen die Tür. Dann einmal etwas lauter. Dann richtig laut. Niemand schien zu reagieren. Nur um nachzusehen, öffnete er die Tür und stiefelte mit seinen Pantoffeln in ihr Gemach. Sie hatte ein Einzelzimmer. Dort lag sie tief schlummernd in ihrem Himmelbett. So eine Unverschämtheit. So etwas Unfaires. Die konnte schlafen und er nicht. Aber wecken wollte er sie auch nicht, schließlich konnte Magdalena ziemlich sauer werden, und das wollte er um alles in der Welt vermeiden. Also setzte er sich auf einen Stuhl im Zimmer und entschloss sich zu warten. Irgendwann musste sie ja wach werden. *Nach etwa fünf Minuten* wurde ihm ordentlich langweilig. Zusätzlich spürte er ein leichtes Kratzen im Hals. Wobei er sich nicht sicher war, ob es ein physisches oder ein psychisches Kratzen war. Egal, er entschloss, sich zu räuspern. Erst leise. Doch es kratzte immer noch. Also noch mal heftiger. Das Kratzen war weg. Aber das konnte Magdalena ja nicht wissen. Was wäre, wenn er wirklich immer noch ein Kratzen im Hals gehabt hätte? Er räusperte sich noch ein drittes Mal. Dann noch ein viertes, fünftes und ein super lautes sechstes Mal. Sie lag immer noch seelenruhig im Bett. Er räusperte sich noch mal, noch mal und noch mal. Dann zehn Sekunden am Stück. Er ging näher ans Bett heran. Er räusperte sich einen Meter entfernt von ihr. Sie regte sich kein Stück. Dann direkt in ihr Ohr. Immer noch nichts. Dann richtig laut mit voller Kraft in ihr Ohr zehn Sekunden lang. Dann knallte er ihr eine. Sie wachte auf. „Sag mal spinnst du? Geht's noch? Was ist denn mit dir los?" „Ich musste mich nur mal räuspern! Da konnte ich nichts für, ich hatte plötzlich so ein Kratzen in meinem Hals." „Und was machst du dann in meinem Zimmer? Und warum hast du mir verflucht noch eins eine runter gehauen?" „Das hast du alles nur geträumt. Im Übrigen ist das eine viel zu lange Geschichte. Das wirkliche Problem ist folgendes, ich kann nicht einschlafen!" „Das kann doch wohl nicht wahr sein. Dafür weckst du mich?" „Wie schon gesagt, ich hab dich nicht geweckt. Liest du mir was vor?" „Du bist echt wahnsinnig! Erst weckst du mich und dann..." „Na, ich hab dich doch nicht..." „Ja, ja, ist ja schon gut. Komm wir gehen rüber, dann gibt's was aus Tausendundeiner Nacht." Freudestrahlend hüpfte Jackl im Hopserlauf aus Magdalenas Zimmer, hinweg durch den Flur und sprang dann mit einem Schwupps in sein Bett. Aufgeregt zog er sich die Decke bis zur Nase und über den Schnauzbart hoch. Magdalena setzte sich an den Bettrand. Nach bereits einem Absatz war er eingedöst.

Naomi hingegen konnte kein Auge zudrücken. Sie war zu durstig. In jedem Moment musste die Schwester hereinkommen. Sie konnte es kaum erwarten. Wobei es kein Gefühl von Vorfreude war, dafür war sie viel zu fertig. Das einzige, was sie fühlte, war ihr trockener Mund, der immer wieder, wenn sie ihn zum Luftschnappen öffnete einen Laut von sich gab, der mit dem herausziehen eines Badewannenstöpsels zu vergleichen war. Dem Herausziehen eines Badewannenstöpsels aus einem animalischen Analbereich. Plöpp! Dieser ewige Durst. Dieses immer wieder neue Warten auf die üblichen Ereignisse. Immer wieder das Hoffen auf den eigenen Körper und dessen Durchhaltefähigkeit. Immer wieder die gleichen Situationen. Eine Minute glich der anderen. Nur Dejavus. Ihr ganzes Leben war ein einziges Dejavu. Null Abwechslung! Aber Langweilig war ihr trotzdem nie. Dafür ging es meistens um zu viel. Es ging ums nackte Überleben!

Er erwachte in einem kreideweißen Raum. In seiner eigenen Scheiße. Eine alles in allem ziemlich bittere Situation. Trotzdem fühlte er sich irgendwie glücklich. Donald MC McFleischhauer war sich noch nicht ganz sicher, ob es sich hierbei um Wahn oder Wirklichkeit handelte. Aber in Anbetracht der Tatsache, dass er überhaupt darüber nachdachte, entschied er sich für letzteres. Denn schließlich zweifelt man den Wahn im Moment seiner Fortwirkung nur selten als Wirklichkeit an. Außer bei übertrieben unrealistischen Träumen. Aber als latenter Alki ist es nun wirklich nicht so absurd, zugeschissen bis obenhin in einem einem völlig unbekannten Raum aufzuwachen. Er versuchte sich zu erheben, merkte aber schnell, dass es aussichtslos war, sich aus dieser mieseren Lage allein zu befreien. Er war einfach viel zu schwach. Plötzlich betrat eine blonde Schönheit das Zimmer. Doch Illusion? „Na, wie geht es unserem kleinen Frechdachs?", fragte die Frau mit einer äußerst sympathischen Stimme. „Ich habe mich angeschissen, aber ansonsten blendend!" Die Dame näherte sich seinem Bett und half ihm auf. Er rallte immer noch nicht, was hier vor sich ging. War er vielleicht tot? Gab es vielleicht doch einen Himmel? Nein, das konnte unmöglich sein. Da hätte er bestimmt nichts zu suchen gehabt. Oder hatte ihn vielleicht der Teufel nach der Vergewaltigung hier eingeschleust, damit Donald hier im Himmel die Satansbrut zur Welt bringen würde und sich der Luzifer auf diese Weise hier ein zweites Imperium aufbauen könnte? Das wäre natürlich ärgerlich, dachte sich Donald, so wäre er der Vernichter des Guten. Aber möglicherweise war das im Bett ja gar kein Kot, sondern eine Fehlgeburt! Das musste es gewesen sein. Er entschied, sich ruhig und unauffällig zu verhalten. Vielleicht würde niemand den Fehler entdecken, so dass er für immer hier bleiben könnte. Die Frau vor ihm führte ihn in einen großen Saal, in dem vielen Menschen saßen und speisten. Die Tische und Stühle sahen zwar nicht so prunkvoll aus, wie man es sich vielleicht vorstellt, aber das Essen war genial. Filetsteak mit Pommes und Salat! Ein Traum, der hoffentlich keiner war. Gegenüber von ihm saß ein Mann mit einem langen Bart und freundlichem Gesicht. „Ich habe den heiligen Geist gesehen!", sagte der Gute. „Cool, wie war er denn so?", erkundigte sich Donald. „Cool!", antwortete sein Gegenüber. „Cool!", wiederholte Donald. Dann war das Gespräch zu Ende. Das hier musste einfach das Paradies sein! Keine langen Diskussionen, kein unnötiger Scheiß, einfach nur das Wesentliche vom Wesentlichen, ohne Stress. Donald begann zu essen. Es schmeckte vorzüglich. Er erblickte eine andere junge Frau, die durch die Gänge ging und die Leute fragte, was sie sich zu trinken wünschen würden. Alles sogar mit Bedienung! Klasse! Und scheinbar auch noch kostenlos! Zwei Tische bevor seiner an der Reihe war, die Bestellung aufzugeben, betrat plötzlich ein Mann im weißen Kittel den Speiseraum und kam auf ihn zu. Der Kerl sah aus wie ein Arzt, nur älter. Vermutlich der Herrgott. „Mister McFleischhauer?" Oh oh, jetzt war er aufgefallen. „Sie können jetzt wieder gehen!" Verdammt. „Ihre Testergebnisse sind fertig." Hä? „Sie sind gar nicht verrückt, sie waren nur auf Drogen." Ach ne, das hätte er denen auch sagen können. „Sie müssen dieses Gebäude jetzt wieder verlassen." Das wollte Donald auf gar keinen Fall. Egal, was das hier war, er wollte hier bleiben, und zwar für immer. „Zum Ausgang gelangen Sie ganz einfach, gehen Sie den Gang dort drüben herunter, dann am Ende nach links, und dann einfach immer..." „Moment mal.", wendete Donald ein „Ich kann noch nicht gehen! Ich habe nicht einmal aufgegessen und wollte mir außerdem gerade noch ein Bier bestellen!" „Bier? Verzeihen Sie Mister, aber hier herrscht striktes Alkoholverbot!" „Wo war noch gleich der Ausgang?" Draußen angekommen blickte Donald auf das Haus zurück. St. Andreas Hospital stand mit großen Buchstaben über dem Haus geschrieben, darüber stand mit Spraydose fett „Klapse" vermerkt. Er hatte sich das schon gedacht. Nur eine Situation zu erkennen und eine Situation wahrhaben zu wollen, das sind zwei ganz unterschiedliche Paar Schuhe. So was Peinliches. All die Leute auf der Straße blickten ihn an, als sei er völlig Hirnlos. „Ich habe hier nur meine bekloppte Oma besucht!", rechtfertigte er sich lauthals rufend. „Mein Gott, habe ich eine bekloppte Oma, so was hat die Welt noch nicht gesehen! So dämlich die Gute. Da musste ich sie einfach mal wieder besuchen. Für mich wäre das nichts, da zu leben. Ich meine, klar bin ich auch ein bisschen verrückt, aber sind wir das nicht alle?" Keiner antwortete ihm. Die Leute waren einfach so weiter gegangen, als hätten sie ihn nicht gehört. Aber in Wahrheit dachten sie, er sei verrückt, da war er sich sicher. Und es ärgerte ihn. Normalerweise war es ihm zwar egal, was die Menschen über ihn dachten, er war ja schließlich Philosoph. Aber das ging wirklich zu weit. Asozialer, beknackter und gewaltbereiter Penner, das war es, womit er sich gerne betiteln ließ, aber als jemand, der auf staatliche Hilfe angewiesen war auf Grund von Beklopptheit, das passte ihm nicht. Auf diese Bloßstellung musste er sich erstmal einen Trinken. Oder am besten gleich zwei. Bevor er losging, schrie er noch ein letztes Mal über die Straße. „Meine Oma, so was von durch!"

Jackl Tackle schlief mittlerweile tief und fest. Auch Magdalena hatte sein Zimmer verlassen. Dann kam ein Mörder herein und wollte ihn mit einem Schalldämpfer gedämpften Revolver erschießen. Das Attentat scheiterte allerdings daran, dass der Mann überzeugter Parzifist war. Er verließ das Zimmer und entschloss sich, kein zweites Mal einen Mord an Jackl Tackle auszuüben. Jackl hatte von alledem nichts bemerkt. Er schlief weiter. Plötzlich betrat ein weißer Tiger sein Schlafzimmer und sprang mit einem riesigen Satz auf sein Bett. Schnell warf Jackl sie Bettdecke zur Seite und begann mit dem Ungetier zu ringen. Beide waren völlig nackt. Er würgte seinen Gegner von hinten und fragte ihn, wer sein Auftraggeber sei. Etwa Siegfried und Roy? Der erpresste Tiger antwortete unter Tränen, er käme von einem Neider Jackls, der seinen genialen Medienspecial-Plan für morgen zur Nichte machen wolle. Namen könne er allerdings nicht nennen, er unterliege strengster Schweigepflicht, da er Hauptberuflich als Arzt tätig sei und außerdem sei er auch keine Petze. Das leuchtete Jackl ein und er ließ das geprügelte Tier gehen. Er solle seinem Bandenchef jedoch ausrichten, wer sich mit Jackl anlege, kriege es mit ihm zu tun. Dann verließ der Tiger den Raum wieder und Jackl wachte auf. Was für ein Scheißtraum. Nur knappe *dreißig Sekunden später* war er jedoch schon wieder eingeschlafen. Arabische Nächte eben.

Was für ein Höllendurst! Und zusätzlich diese derbe Müdigkeit! Eine schlechte Paarung, denn durstig kann man nicht schlafen. Und vor allem nicht, wenn man jeden einzelnen wahrnehmbaren Moment mit dem Aufkreuzen der Schwester rechnet. Die hatte mittlerweile schon Stunden Verspätung. Wie viel konnte Naomi jedoch nicht genau schätzen, sie hatte ihr komplettes Zeitgefühl verloren. Das konnte nicht sein! Normalerweise kam die Gute immer pünktlich auf die Minute. Seit einer Ewigkeit, so kam es Naomi vor, blickte sie schon auf diese alte kaputte Tür. Wann würde die sich endlich öffnen? Die Kinder um sie herum sahen scheußlich aus. Ein elendiges Bild. Alle waren sie durstig. Und müde. Wo blieb nur diese Tussi vom

Roten Kreuz? Wenn die keinen triftigen Grund für ihre Verspätung haben sollte, so schwor es sich Naomi, würde sie es ihr eines Tages heimzahlen. Bestimmt war die blöde Kuh irgendwo in ihrem Fünf-Sterne-Luxushotel bei der gemütlichen afrikanischen Abendsonne eingeschlummert. Oder sie besoff sich gerade auf irgend so einer „Wir-sind-die-saumäßig-engagierten-und-christlichen-Rote-Kreuz-Mediziner-die-allen-zu-Hause-erzählen-wie-sie-den-Negern-helfen"-Party. Scheiße! Oder die Schlampe vögelte gerade mit irgendeinem Chefarzt rum, um mal einen kleinen Karrieresprung zu ergattern. Was Naomi nicht wusste, die Schwester vögelte tatsächlich gerade. Allerdings nicht so ganz freiwillig. Auf dem Weg zur Krankenstation von Naomi war die ganze Truppe von ein paar Rebellen überfallen worden. Nachdem sie die Frauen allesamt, bis auf die hässlichen, gefesselt hatten, hatten sie den Männern, und den hässlichen Frauen, einen kleinen Schlitz mit der Machete in den Unterleib gezaubert. Dann wurde ein etwa ein Meter hoher Holzpflock in den Wüstenboden gesteckt, um den man den durch den Schlitz herausgezogenen Darm eines jeden einzelnen warf. Dann Trieb man alle mit Peitschen um den Stock und spielte Ringel-Rangel-Rose für Fortgeschrittene und Triebtäter. Wer aus der Reihe tanzte, wurde geköpft. *Nach gut zwanzig Minuten* war das Prozedere beendet. Das Resultat war eine Art riesiges Darmwollkneul ohne Wolle, an deren Enden auf verschieden weite Entfernung kopflose Körper lagen. Die Köpfe waren, bis auf die drei, die es fast bis zur Mitte geschafft hatten, allesamt zertrampelt von den Läufern. Die Geschichte hätte auch locker als moderne Kunst durchgehen können. Hätten die Rebellen ein bisschen Ahnung von Kapitalismus gehabt, hätten sie die Sache auf Video aufgezeichnet und das Material an Hollywood verkauft. So was für einen Film nachzustellen würde Millionen kosten! Danach kamen die Frauen an die Reihe. Unter jeder Menge Alkoholeinfluss wurde eine nach der anderen durchgezogen. Naomis Krankenschwester wurde auf Grund ihres hübschen Erscheinungsbildes gleich mehrfach ge- und missbraucht. Allerdings hatte sie die ganze Zeit kaum geschrieen, dass hatte nach Mitte des Ringel-Rangel-Rose für Fortgeschrittene und Triebtäter aufgehört. *Um Punkt zwei Uhr sechsundzwanzig afrikanischer Zeit* wurde dann auch sie hingerichtet. Kurz und schmerzlos. Ein Schuss in den Kopf. Was die Männer, insbesondere die Nekrophilen danach noch mit ihr machten, war ihr egal, denn sie merkte ja nichts mehr. Sie war tot. Und danach war nichts mehr. Nichts. Auch kein Himmel. Schade, und sie hatte doch so fest daran geglaubt.

Er saß bei sich zu Hause und aß zu Abend. Seine Mutter hatte Rinderbraten mit Rotkohl und Pommes gemacht. Es schmeckte zwar ganz gut, aber nach zehn Bissen legte er sein Besteck zur Seite. „Du musst was Essen, min Jung, du bist ohnehin viel zu dürr. So kriegst du niemals eine Freundin. Sieh dich doch mal an, du bist nur noch ein Strich in der Landschaft, nur Haut und Knochen!" „Ich hab aber keinen Hunger mehr!", entgegnete er etwas zickig. „Du sollst nicht immer so frech zu deiner Mutter sein, mein kleines Plöppelchen!" „Und du sollst mich nicht immer so nennen, ich bin kein Kleinkind mehr." Plöppelchen hatte sie ihn schon seit seinem dritten Lebensjahr genannt. Damals hatte seine Mutter ihre dritte Weinflasche am Abend geöffnet, um über die Trennung von seinem Vater hinwegzukommen. Als der Korken aus der Flasche gezogen worden war, hatte er „plöpp" gesagt. Das fand Mama damals mit gut zwei Komma drei Promille dermaßen niedlich, dass sie ihn von da an immer so genannt hatte. Hätte er doch bloß niemals „plöpp" gesagt! Aber kann man einen Dreijährigen wirklich dafür verantwortlich machen, dass er damals nicht die Tragweite seines Ausrufs erkennen konnte? Genauso gut könnte man jedoch fragen, ob man eine psychisch völlig labile allein erziehende Mutter dafür verantwortlich machen kann, dass die ihren Sohn als Ehemannersatz heranzieht und mit knapp dreißig noch bei sich zu Hause gefangen hält. Andererseits kann man sich an dieser Stelle wieder fragen, ob man nicht eigentlich von einem knapp Dreißigjährigen erwarten kann, dass er genug Verantwortung für sich selbst tragen und sich von den Fesseln der narzistischen Liebe seiner Mutter losreißen können sollte.[7] Ja ja, die Frage von der Freiheit und der Schuld des Menschen. „Wie war es denn heute bei ‚Your Mind'?" „Toll!" „Toll, kannst du vielleicht auch mal zur Abwechslung ein bisschen gesprächiger sein? Toll! Es macht echt Spaß sich mit dir zu unterhalten! Hast du eigentlich mal meinen Rat befolgt und dich mal etwas mehr an diesen Greg gehangen? Das ist ja mal ein klasse Kerl! Auf dem letzten Familien-Betriebs-Ausflug war der ja dermaßen... Hey, wo willst du denn hin? Du musst noch dein Besteck abräu... Was sind das denn jetzt hier für Sitten hier jetzt? Komm sofort zurück und... Spasti!" Plöppelchen hatte die Haustüre einfach hinter sich zugeknallt. Deshalb hatte er auch nicht die wirklich höchst unmütterliche Beleidigung gegen ihn mitbekommen. Er brauchte jetzt dringend Ablenkung! Er dachte nach. Für Kino hatte er kein Geld, für Puff keinen Mumm und kiffen tat er auch nicht. Blieb also nur sein Videothekenausweis. Vielleicht heute mal zur Abwechslung einen schönen Hardcore-Porno-Streifen! Er entschloss sich, das Fahrrad zu nehmen, damit er sich das Spritgeld sparen konnte. Er dachte dabei nicht an die Vorteile für die Umwelt, so denkt nämlich kein Amerikaner, auch wenn es sich um einen Amerikanerdepp handelt. Der Drahtesel war von seiner platonischen „Freundin" Anna geliehen, wobei man Freundin wirklich nicht so ernst

---

[7] Vollständigkeitshalber hier kurz die Antworten: Nein, nein, ja.

nehmen darf, selbst wenn man Freundschaft sehr weitgehend definiert. Anna hatte ihm das Fahrrad vor zwei Wochen zur Verfügung gestellt, nachdem er ihr bei ihrer letzten Party für Angestellte in ihrem Haus angeboten hatte, auf Grund seiner Trunkenheit bei ihr zu schlafen, da er nicht mehr mit dem Auto fahren könne. Da war sie so nett gewesen, und hatte ihm ihr Fahrrad geborgt. Als er am nächsten Tag sein stehen gelassenes Auto bei ihr abgeholt hatte, war er aber mit dem Bus gekommen und versprach ihr, ihr das gute Stück ein anderes Mal zurückzugeben, weil er die zwanzig Kilometer nicht noch einmal zurücklegen wollte und er starken Muskelkater hatte. Das hatte auch Anna nachvollziehen können. Als er sie jedoch fragte, ob sie vielleicht noch einen Schluck Wasser für ihn hätte, weil er so durstig sei wegen der Hitze draußen, musste sie ihn leider enttäuschen, da sie noch einen wichtigen Termin hätte und hatte ihn mittelmäßig sanft durch den Eingang hinausgeschoben. Das „Tschüss" hatte er auch nur noch halb gehört, da war die Tür bereits verschlossen gewesen. Nun setzte er sich also auf die Leihgabe und machte sich auf zur Videothek. Gut vierzehn Mal angehupt und eine Beleidigung als „Pimmelkopf" später kam er vor dem Laden an. Die Beleidigung machte ihm nichts aus, denn er trug lieber einen Helm, als einen Schädelbasisbruch zu riskieren. Auch wenn das vielleicht ein wenig lächerlich aussah. Dass das „Pimmelkopf" gar nichts mit seinem Helm zu tun hatte, konnte ihm zum Glück keiner mitteilen. Er stand wie immer vor einer schwierigen Entscheidung. Links war der Eingang zur Familienabteilung, rechts der für Leute über achtzehn. Zwar hatte er sich vor seiner Haustür noch fest vorgenommen, sich heute sein erotisches Highlight dieses Monats zu gönnen. Andererseits könnten die Leute, die ihn da reingehen sehen, denken, dass er eine einsame Jungfer mit komplexen sei, womit sie gar nicht mal so Unrecht hätten. Wiederum könnten die

Leute auch denken, er ginge nur in die Familienabteilung, weil er Angst davor habe, in die Ab-achtzehn-Abteilung zu gehen, weil man ihn dann für eine einsame Jungfer mit Komplexen halten könnte. Was für eine Herkules-Entscheidung! *Kurze Zeit später* stand er vor den Zeichentrickfilmen und die rechte Seite der Videothek war für ihn noch immer unbekanntes Territorium. *Eine viertel Stunde später* stand er mit einem Actionfilm ab sechzehn an der Kasse. Mehr war ja leider nicht drin. Er hoffte darauf, vielleicht die ein oder andere barbusige Brust in dem Film entdecken zu können. An der Kasse war eine wirklich süße Videothekendame Mitte zwanzig. Genau nach seinem Geschmack! Plötzlich hatte er das Gefühl, als hätte sie ihn angeguckt. Er war sich nicht sicher, ob er es war, der Objekt der Begierde ihrer Augen geworden war oder das Videoregal hinter ihm, dass gerade ein ungeschickter volltrotteliger Rockerfettsack abgeräumt hatte. Aber er musste nun einfach handeln. Er musste wissen, wie ihre Gefühle für ihn waren. Er musste sie irgendwie beeindrucken. Ein cooler Spruch musste her, so einer, wie Greg ihn nun reißen würde. Er war als nächster an der Reihe. Vor ihm war nur noch ein dicklicher Junge von etwa vier bis zwölf Jahren dran. Dieser legte eine Mickey-Mouse-DVD auf den Tresen und sagte, dass er diese gerne ausleihen würde. Da entdeckte Plöppelchen etwas auf dem Tresen, mit dem ihm ein genialer und lockerer Spruch einfiel, der die Thekendame bestimmt vom Hocker hauen würde. „Mickey Mouse?", harkte er bei dem Jungen nach. Er zeigte auf das Ding auf dem Kassentisch. „Wäre das hier nicht viel eher was für Dich?" Er musste selbst über seinen coolen Joke lachen. Der Junge guckte ihn gar nicht so belustigt an, eher beleidigt. Das Tresenmädchen schien einfach nur geschockt zu sein. Plötzlich näherte sich der Rockerfettsack, der vorhin die Regale umgenietet hatte und baute sich vor ihm auf. „Was haben Sie da eben zu meinem

Sohn gesagt?" Der Kerl war wirklich verdammt groß. Und vor allem verdammt breit. Breit sowohl im Sinne von muskelbepacktem Fleischberg, als auch im Sinne von mehr als ein paar Flaschen Bier intus. „Ich habe auf die Findet-Nemo-DVD-Werbestehpapptafel gezeigt und ihm diese empfohlen." „Das ist keine Findet-Nemo-DVD-Werbestehpapptafel, das ist eine Big-Diet-Season-one-DVD-Werbestehpapptafel!" „Oh! In Zukunft sollte ich doch lieber meine Brille mit in den Videoladen nehmen." Da kam er jetzt nicht mehr raus, das merkte er schnell. Seine Ausrede zog nicht. Der Budd Spencer Verschnitt begann ihn anzubölken. Meine Herren, stank der nach Alkohol. Was in aller Welt hatte der denn bitte schön alles getrunken? Aus dem Gebölke wurde bald ein Geschreie. Er stellte sich darauf ein, gleich den größten Schmerz seines Lebens zu verspüren. Andererseits, und da war er sich sicher, würde er wahrscheinlich nach nur einem einzigen Schlag dieses Riesenklotzes KO gehen oder sterben. Das war ihm relativ gleich, denn tot oder Koma, das machte für ihn irgendwie keinen Unterschied. Er ärgerte sich, dass er sein Fahrrad nicht doch zu Hause hatte stehen gelassen und die paar Dollar für Benzin investiert hatte. Dann hätte er auf jeden Fall im Falle eines gegen alle Erwartungen eintreffenden Wiedererwachens nicht die Probleme, die er jetzt hatte, wenn Anna ihn im Krankenhaus besuchen würde. „Du, wo hast Du denn mein Fahrrad abgestellt? Ich hab mir halt nur gedacht, dass ich es mir wieder holen könnte, jetzt, wo Du es sowieso nicht mehr benutzen kannst." Er würde sich unmöglich an den Abstellort des Rades erinnern können, weil sein Gedächtnis mit Sicherheit die letzten zwanzig Jahre nicht mehr auf die Kette kriegen würde. Verdammt, er würde sich wahrscheinlich nur noch an seine Kindheit erinnern können. Und die war doch so scheiße gewesen! Obwohl, der Rest eigentlich auch. Der energische Papa brüllte und brüllte. Er kriegte das alles kaum noch mit und war mit seinen Gedanken schon unter der Erde. Er machte sich gar nicht mehr die Mühe, dem großen Mann vor sich zuzuhören. Zwar nahm er noch vereinzelt Worte und Satzfetzen wahr, wie zum Beispiel „zu Kleinholz verarbeiten", „deine Körperteile einzeln wieder aufsammeln", „Fresse polieren" oder „alles klar bei ihnen". Wobei letzteres die erste Frage war, die die Tresenfrau ihm entgegnete, als er langsam wieder zu sich kam. Er fasste sich mit seiner rechten Hand in sein Gesicht. Jawoll, da war noch was! Nase, Augen, Zähne, alles da! Und er konnte seinen Arm bewegen. Klasse Sache! Er versuchte es mit dem linken Arm. Auch der war noch vorhanden und nicht ausgerissen! Auch das Aufstehen klappte vorzüglich. Wow! Was war passiert? Er konnte sich an nichts mehr erinnern. War er etwa ausgerastet und hatte den Typen vor sich eine heftige Tracht Prügel verpasst, um sich dann vor lauter Verausgabung eine Runde schlafen zu legen? Oder hatten sich beide in einem langen Kampf gemessen und er hatte am Ende leider den Kürzeren gegen den Monsterfleischberg gezogen, weil dieser eine Pistole in seiner Verzweifelung und Panik gezückt hatte, und war er deshalb bereits tot? Die Wahrheit war weitaus weniger Heldenhaft. Die Videofrau teilte ihm mit, dass er zunächst in einen fürchterlichen Heulkrampf, und dann in Ohnmacht gefallen war. Der Rocker hätte erst gedacht, dass er simuliere, sei dann aber schnell mit seinem Sohn aus dem Laden gerannt, aus Angst vor einem weiteren gerichtlichen Verfahren gegen ihn. Zwanzig Minuten würde sie nun schon versuchen, ihn anzusprechen. Er sei aber auch ein Würstchen. Schnell erhob er sich, um den Laden zu verlassen, und, so nahm er sich vor, ihn nie mehr wieder zu betreten. „Wäre das mein Sohn gewesen, hätte ich Sie kaputt gehauen!", rief ihm die Videofrau hinterher. Das war seine letzte Chance, sie doch noch zu beeindrucken. Ein lockerer Spruch, die zweite. „Ach, ist Ihr Sohn also auch so dick?"

Officer Dickhead lag auf seinem Bett. Seine Schuhe hatte er abgestreift, sein Unterhemd lugte aus der Hose und sein Gürtel war geöffnet. In der einen Hand hielt er den Umschalter, in der anderen eine Flasche Bier. Feierabend! Im Fernsehen lief eine Reportage über eine japanische Realityshow namens „Quon-Dong-Hi", was übersetzt soviel bedeutete wie „Der Mann hat Palme auf Kopf". Das Konzept war simpel, aber trotzdem genial und banane. Ein Mann wurde ein Jahr lang in einem botanischen Gewächshaus eingesperrt, natürlich nackt und hatte die Aufgabe, sich über die Zeit seinen kompletten Körper zu bepflanzen. Wenn er es schaffen würde, gab es eine Premie von rund einer Millionen Dollar. Sollte er allerdings scheitern, würde er einen Tritt in seinen Allerwertesten bekommen und ihm würden alle vom Staat gewährten Rechte, sein Haus, seine dreiköpfige Familie und sein gesamtes Vermögen entzogen werden. Am Ende hatte Mister Hong Li Bong, so hieß der Teilnehmer, es dann tatsächlich geschafft. Er sah zwar ziemlich bescheiden aus, war aber dafür danach eine Art japanischer Nationalheld geworden und hatte sogar einen Sitz im Parlament bei den japsischen Grünen erlangt. Die Reportage selbst recherchierte, inwieweit es gerechtfertigt sei, dass in seinem Vertrag für die Show im Kleingedruckten gestanden hatte, dass er im Kriegsfalle als Geheimwaffe für Buschkämpfe bereit zu stehen habe. Des Weiteren hatte er ein Harakiriverbot unterzeichnen müssen. Problematisch war hierbei aus rechtlicher Sicht insbesondere, dass das Kleingedruckte auf einer nicht existierenden Sprache verfasst war. Dieser Teil der Sendung war Officer Dickhead allerdings zu aktenlastig gewesen, weshalb Officer Dickhead kichernd mit den Worten „Was der Japse so lustig findet" umschaltete. Programm 1032. Langweilige Soap. Programm 1033.

Baseball, aber Scheißteams. Programm 1034. Ein Liebesfilm. Programm 1035. Kochsendung. Programm 1036. Fischerkanal, aber halt, war der Frau in der Kochsendung gerade fast eine Titte raus gefallen? Schnell schaltete Officer Dickhead zurück. Konzentriert begutachtete er den Ausschnitt der Frau Köchin. Es war sogar eine Prominente! Sie zeigte wirklich viel Brust, aber er war sich wirklich nicht sicher, ob man ein bisschen Nippel sehen konnte oder nicht. Auch als er näher ran ging, konnte er noch keinen genauen Bericht abgeben. Er erhob sich sogar von seinem Bett, stöckelte zum Fernsehapparat und hielt seine Nase gegen die Mattscheibe. Dennoch, es war nicht genau zu erkennen. Enttäuscht flappte er sich wieder auf sein Bett. *Nach etwa fünf Minuten* ließ er dann doch Titte Titte sein und schaltete weiter durch. Vierhundert Sender weiter blieb er dann endlich auf einem Kanal hängen. Auf CBC five wurde ein relativ neuer und unbekannter Actionfilm ausgestrahlt. Es war eine Zukunftsvision. Der Film beginnt an der Stelle, als Cherry, die Hauptprotagonistin heimlich einen Jungen gebärt und es auf Grund von Östrogenausschüttung im Übermaß nicht fertig bringt, ihn dem Staat abzutreten. In der Zeit, in der der Film spielt, gibt es keine Männer mehr. Diese wurden durch das Ermächtigungsgesetz vom 23.06.2040 restlos abgeschafft. Die neuen Kinder werden dadurch hervorgebracht, dass sich die Frauen geklonte Spermien einpflanzen lassen. Immer wenn blöderweise doch ein Junge geboren wird, ist dieser sofort Eigentum des Staates und wird dann dazu verwendet, seine Organe in süße Tiere wie kleine Hündchen oder niedliche Koalabären zu implantieren. Hässliche Tiere gibt es sowieso nicht mehr, die wurden ebenfalls abgeschafft. Sie wendet sich deshalb in ihrer Not an ihre zu dieser Zeit beste Freundin Wonder, welche sie mit zu einem Treffen der Untergrundorganisation namens „New Generation" nimmt. Den einfallsreichen sowie originellen Namen hatte sich die Chefin der Bande ausgedacht, welche Beauty heißt. Nach einer halben Stunde Kaffee und Kuchen beratschlagen die sieben beisammen Sitzenden, wie man das Regime der großbusigen Präsidentin Angel Rice stürzen könne. Alle in der Runde haben kleine Brüste, weshalb sie am Rande der Gesellschaft leben. Macht bestimmt sich nach der Oberweite. Nach kurzer Zeit und viel Geläster beschließen die Frauen, in die Wüste zu fliehen, um sich dort selbstständig zu Amazonen der Neuzeit auszubilden. Auf dem Weg dorthin erlebt die Gruppe viele Abenteuer. Die erste der sieben gibt schon recht zu Anfang auf, weil sie beim Shopping hängen bleibt. An der Grenze zur Desertzone, so heißt der Bereich, in den die hässlichen Tiere und zu aufgetakelten „Schlampen" verschleppt werden, bekommt dann Rose ihren Lippenstift nicht mit rüber geschmuggelt und begeht deshalb Selbstmord. Einen seiner Höhepunkte erreicht der Film an dem Punkt, als die übrigen fünf eine Reifenpanne haben. Diese Szene nimmt gut eine halbe Stunde des Films ein, wobei sich die Damen letzten Endes doch entschließen, zu Fuß zu gehen. Allerdings sind sie hierbei nur noch zu viert, weil Beauty sich einen Fingernagel abgebrochen hatte bei dem Versuch, das Handschuhfach zu öffnen, um die Anleitung von dem Mini-Cabrio herauszunehmen. Jegliche Erste-Hilfe-Versuche waren gescheitert, weshalb man sich schließlich entschlossen hatte, sie um der Missions Willen zurückzulassen. Nach einer weiteren viertel Stunde des Films wird Cherry dann zur neuen Anführerin gekürt. Nach viel Gezanke und Haareziehen, hatte man sich dann doch dazu entschlossen, die Busengröße auch hier ausschlaggebendes Kriterium sein zu lassen. Als sie endlich den Punkt auf der Landkarte, zu dem sie wollten, meinen erreicht zu haben, sind sie nur noch zu dritt, weil Wonder eifersüchtig auf Sunshine ist, weil die jetzt einen auf neue beste Freundin von Cherry macht. „Merkst du denn nicht, dass die Bitch voll die Schlampe ist?", verkündigt Wonder in einer dramatischen Szene gegenüber Cherry und verschwindet dann in der Dunkelheit der Wüstennacht, um sich auf zum Friseur zu machen. Am Ende scheitert die Revolution der „New Generation" allerdings doch, weil die Mädels Angst vor den Waffen haben und sich Sunshine sogar eine Schramme beim über den Boden kriechen zuzieht. Ein Film, wie er im Buche steht! Er verbindet Elemente einer Utopie mit dem Versuch einer objektiven Darstellung emanzipatorischer Kontroversen. Ein tiefgründiger und spannender Film! Ein beschissener und langweiliger Film, dachte sich Officer Dickhead und schaltete seinen Flimmerkasten ab. *Schlafenszeit*!

Er war volltrunken. Lattenstramme! Ein paar Bierchen zu viel wäre mehr als untertrieben ausgedrückt gewesen. Er hatte einen sitzen vom Feinsten. Die Sache mit der Klapse hatte ihm schwer zugesetzt. „Hallo? Seh ich etwa aus wie ein bekloppter Vollspacken?", grölte er den Wirt und dessen Tochter an. Die beiden waren echt nicht sonderlich gesprächsbereit, aber bei dem Mädel war er grundsätzlich bereit, mal reinzuhalten. Sie war immerhin schon vierzehn, also vielleicht sogar schon geschlechtsreif. Das war zwar einerseits recht unwahrscheinlich, andererseits ihm aber auch recht schnuppe! Sie war ein Weibchen, und das war das einzige, was ihm in diesem Moment wichtig war. „Ja!", lautete ihre Antwort. „Leck doch deinem Vater seine Eier!", lautete seine. Dann ging alles wieder mal ganz schnell. Gepöbel. Geglotze. Wirts Flinte. Ausgang. Also schritt Donald die Straße ein Stück hinunter in die nächste Kneipe. Aber auch dort nach kurzem das gleiche Spiel. Theke. Gepöbel. Geglotze. Wirts Flinte. Ausgang. Also ab in die nächste Kneipe. Theke. Gepöbel. Geglotze. Wirts Flinte. Ausgang. Ab in die nächste Kneipe. Theke. Gepöbel. Geglotze. Wirts Flinte. Ausgang. Ab in die nächste Kneipe. Theke. Gepöbel. Geglotze. Wirts Flinte. Ausgang. Ab in die nächste Kneipe. Wirts Flinte. Oh, hier war er schon gewesen. Ausgang. Ab in die nächste Kneipe. Theke. Gepöbel. Geglotze. Wirts Flinte. Ausgang. Ab in die nächste Kneipe. Theke. Gepöbel. Gekotze. Geglotze. Wirts Flinte. Wischmob. Ausgang. Ab in die nächste Kneipe. Theke. Gepöbel. Geglotze. Wirts Flinte. Ausgang. Ab in die nächste Kneipe. Theke. Geile Frau neben ihm. „Ficken?" „Verpiss dich, du ekelhafter alter Sack!" Gepöbel. Geglotze. Wirts Flinte. Ausgang. Ab in die nächste Kneipe. Theke. Geile Frau neben ihm. „Ficken?" „Nein Danke, mir ist jetzt schon schlecht!" Gepöbel. Geglotze. Wirts Flinte. Ausgang. Ab in die nächste Kneipe. Theke. Geile Frau neben ihm. „Blasen?" „Verpissen?" Gepöbel. Geglotze. Wirts Flinte. Ausgang. Ab in die nächste Kneipe. Theke. Geile Frau neben ihm. Wirklich geile Frau. Wirklich! „Hallöchen schöne Frau!" „Hallöchen!" Na also! Und sie war zusätzlich noch hacke bis zum geht nicht mehr. „Sie sehen aber gut aus!" Er war ein Charmeur, aber holla die Waldfee. „Ja?" „Ja!" „Ja!" „Ficken?" „Ficken!" Man hatte sich geeinigt! Man ging nach hause. Man zog sich aus. Mann ließ sich einen stehn. „Der steht Ihnen aber gut!" Dann ging es auch schon los, so wie sich das gehört! Die darauf folgenden Minuten waren schwer zu definieren. Außenstehende hätten das ganze vielleicht Sex genannt. Sie nannte es Liebe. Für ihn hingegen war es einfach nur Quatsch mit Soße! Er kam, sah und legte sich pennen.

Und es war Nacht, und die ganze Welt ruhte. Na gut, außer in China. Aber manchmal muss man die Asiaten einfach Asiaten sein lassen. Es war nicht einfach nur irgendeine Nacht. Das besondere an ihr war nicht sie selbst, sondern vielmehr der darauf folgende Tag. Es würde der Tag des größten Schauspiels des einundzwanzigsten Jahrhunderts sein. Ziemlich Schade eigentlich für diese Nacht, nach ihr würde kein Hahn mehr krähn. Alle würden sich nur noch über den Tag nach ihr unterhalten. Sie würde völlig in Vergessenheit geraten. Wegen ihrer Ruhe. Aber gerade das machte sie so besonders und sogar ein bisschen stolz. Zumindest in diesem Moment. Das traurige an Nächten ist, dass sie nicht besonders lange Leben. Meistens werden sie nur eine Nacht alt. Man schreibt ihnen noch nicht einmal ein eigenes Datum zu. Sie gehören immer nur zu einem Tag. Die Nacht auf Montag. Die Nacht nach Mittwoch. Sie stehen immer nur zwischen zwei Tagen. Und die meisten Menschen nutzen sie nicht mal richtig. Entweder schlafen sie während der Nacht, werden melancholisch oder sind schlichtweg sturzbetrunken. Als Nacht muss man sich Dinge reinziehen, mein lieber Scholli! Dafür sieht man viel Sex. Aber natürlich nur, wenn die Leute es bei Licht miteinander treiben. Schließlich ist die Nacht ja dunkel.

Das Kapitel dry[8]

Vater Schroer stand als erster *an jenem Morgen* auf. *Um sechs Uhr* stand er mit seinem praktischen Schuhwerk, seiner Fotokamera und seiner Schirmmütze vor Frau Schroer, die noch im Bett lag. „Aufstehen, Schatz! Wir haben uns einiges für heute vorgenommen." „Geh schon mal die Kinder wecken! Ich mach mich derweil frisch. Und fass mich nicht an, ich bin jetzt nicht geil!" Herr Schroer zog seine Hand wieder unter der Decke hervor und maschierte ein wenig möppelich und angepisst zum Nachbarzimmer, um seine schlechte Laune am Sohn auszulassen. Zimmer 603. Er klopfte an. Ein alter Herr öffnete die Türe. „Was fällt Ihnen ein, mich so früh zu wecken, haben Sie denn keinen Respekt vor dem Alter?" „Entschuldigen Sie vielmals, ich habe mich im Zimmer geirrt!" Der Mann knallte ihm die Türe unmittelbar vor die Nase. Autsch! Direkt war eine Blutspur unter der 603 zu sehen. Verflucht! Mit noch schlechterer Laune als vorher ging er ungevögelt und nasal menstruierend vor Zimmer 605. Nachdem er geklopft hatte, öffnete ihm die kleine Laura mit verschlafenen Augen die Tür. Im Zimmer war es noch stockfinster. Kaum war Axel eingetreten, begann er auch schon zu fluchen. „Wie sieht das denn hier aus? Sind wir hier etwa bei den Hottentotten? Friedolin Friedrich Schroer! Komm mal her zu mir. Du sollst deiner Schwester doch ein gutes Vorbild sein!" Freddy antwortete nicht. „Ich rede mit dir, junger Mann!" Immer noch keine Antwort. Herr Schroer machte das Licht an. Das Bett von Freddy war leer. „Wo ist dein nichtsnutziger Bruder?", fragte er seine Tochter. „Ich hab keinen Plan, Alter, ich muss erstmal kurz klarkommen! Ich fühl

---

[8] so auszusprechen, als wie wenn der Oppa mal wieder einen getrunken hat und versucht, englisch zu sprechen

mich noch voll gefickt von gestern Nacht. Ich hab mir glaub ich echt ne Portion zu viel reingeknallt!" Herr Schroer entdeckte die geöffnete Minibar in der Ecke des Zimmers. Davor lagen geöffnete Wein- und Schnapsflaschen. „Was hat dein Bruder mit Dir gemacht?" Vater Schroer war sichtlich geschockt. Laura hingegen war sichtlich geflasht. „Cool dich mal, Vadda, Du siehst auch nicht ganz straight aus! Dir läuft ja die Suppe aus der Nase und wie frisch gevögelt wirkste auch nicht gerade!" Herr Schroer blickte drein, als hätte er einen Geist gesehen. „Wo ist dein Bruder?" „Ich weiß es nicht, Mann! Das letzte woran ich mich erinnern kann ist, dass mein Bro gestern Nacht reingehauen hat, um Zigaretten zu holen. Dann hat er mir den Zettel hier in die Hand gedrückt und gesagt, dass der für euch sei!" Sie drückte ihm ein zusammengefaltetes Papier mit dem Briefkopf des Hotels in die Hand. Wie in Trance faltete Herr Schroer den Brief auf und laß. „Fickt Euch ins Knie, ich bin weg!" Mehr stand nicht drauf. In so einer Situation konnte Herr Schroer nur eines machen. Petzen! Schnell lief er in das Zimmer, in dem seine Frau war. Sie lag immer noch im Bett. „Schnell, Barbara, aufwachen! Unser Sohnemeier hat unsere Lieblingstochter mit Drogen zugepumpt und hat sich dann aus dem Staub gemacht und nur den Zettel hier gelassen." Axel hielt seiner Frau das grammatikalisch einwandfreie Werk in neuer Rechtschreibung vor die Nase. Erschrocken stand Frau Schroer auf. „Ach du meine Güte! Wir müssen Ihn suchen gehen!" „Im Leben nicht!", erwiderte Herr Schroer. „Ich lass mir doch von diesem Heini nicht meinen Urlaub versauen! Soll der doch gucken, wo der bleibt. Bei dem haben wir Erziehungsmäßig voll versagt, das müssen wir nun mal einsehen. Aber bei Laura ist es noch nicht zu spät! Wir sollten uns intensiv um dieses Kind kümmern! Also, zieh Dich an, es geht los!" Gerade als Frau Schroer ihn zur Minner machen wollte, stapfte er schon

73

wutentbrannt aus dem Zimmer. Er wollte seinen Dickkopf durchsetzen. Schnell sprang Frau Schroer in ihre Klamotten, puderte sich innerhalb weniger Sekunden und rannte dann ins Nachbarzimmer. Dort nahm sie ihre Tochter unter den Arm und lief dann mit dieser gemeinsam ihrem Mann hinterher.

Sein Wecker klingelte. Er hasste es aufzustehen. Schließlich war er sich immer wieder der Tatsache bewusst, dass der folgende Tag wohl niemals so gut sein würde wie seine Träume. Die Erfahrung hatte er in über dreißig Jahren nur zu oft gemacht. Müde und unbefriedigt schleppte er sich ins Bad. Er hatte einen stehen. Der Film gestern Abend hatte nicht mal die Anstandstitte rausplumpsen lassen. Zum Masturbieren war nun jedoch keine Zeit mehr. Vor der Arbeit musste er nämlich noch ins Schwimmbad gehen, um seine nicht vorhanden Muskeln zu erhalten. Warum machte er das nur? Seit über vier Jahren hatte er schon dieses Ritual. Jeden Morgen zwanzig Bahnen. Und es machte ihm nicht einmal Spaß! Er hasste dieses kalte Wasser. Und das auch noch morgens. Furchtbar! „Einen wunderschönen Guten Morgen mein Kleiner, na, gut geschlafen?" Eine viel zu gut gelaunte Muttern erwartete ihn in der Küche mit einem reichhaltigen Frühstück. Es gab Eier und Brötchen. Er hasste Frühstück. „Willst Du nicht mit mir reden oder sind wir einfach mal wieder ein bisschen muffelig?" Oh, wie er es hasste, wenn sie ihn, wenn er schlecht gelaunt war auf seine schlechte Laune ansprach. Warum tat sie das nur? Wenn er gut gelaunt gewesen wäre, wäre seine gute Laune spätestens jetzt flöten gegangen. „Ich hab keinen Hunger und muss los!" „Jetzt geht's aber los, mein Lieber! Denkst Du, ich stell mich hier hin und mach und tu und koch und du kannst einfach so gehen? Von wegen, junger Mann, jetzt wird erstmal gespeist!" Schnell schlang er die Eier runter. Dann machte er sich auf den Weg. Ein Tschüss gab es wieder nicht. Im Schwimmbad war nicht viel los. Gott sei

Dank! Wenigstens hatte man hier seine Ruhe. Außer ein paar Müttern mit Kind und zwei, drei Rentnern war niemand da. Er ging an den Beckenrand und testete das Wasser mit seinem Fuß. Viel zu kalt! *Nach über einer Minute* hatte er seinen Mut soweit, wenigstens die Beine am Rand sitzend ins Wasser zu halten. „Mama, Mama!", sprach ein kleiner Junge zu seiner Mama und blickte ihn dabei an. „Warum hat der Mann so eine weite Badehose an?" Die Mutter schien zunächst nicht antworten zu wollen, aber nachdem ihr Sohn nicht aufhörte, sie zu nerven, flüsterte sie ihm etwas zu, was jeder im Umkreis von zehn Kilometer hören konnte. Zumindest er konnte es hören. „Weil der Mann so einen kleinen Penis hat." Verlegen und beschämt guckte sie zu ihm herüber. Das war ja wohl die Spitze! So eine blödsinnige Mutmaßung! Woher wollte die das denn bitte wissen? Am liebsten wäre er aufgestanden, um sie vom Gegenteil zu überzeugen. Aber das war leider nicht möglich, und zwar nicht nur aus Anstandsgründen. Dann begann er mit der Schwimmerei. Meine Güte, war das langweilig. Schon nach zwei Bahnen hatte er keinen Bock mehr. Aber er zog die Scheiße trotzdem durch. Und zwar sauber die Kacke! Dann fuhr er zur Arbeit, ohne zu duschen, und auch das tat er wieder nicht aus Anstandsgründen nicht. Im Büro begrüßte ihn wie immer keiner. Außer so ein Typ namens Gerry, aber der war auch ein Volltrottel. „Hey, na, alles Roger?" „Morgen Gerry." Dann knallte er die Tür zu seinem Zimmer zu. Endlich keine Menschen mehr! So ließ es sich ertragen. Auf seinem Schreibtisch lag ein Haufen Arbeit. Aber alles war besser als Fragebögen. Die hätte er heute absolut nicht gebrauchen können. Seine Laune war eh schon mehr als schlecht. Sein Telefon Klingelte. Es war Mister Backer, sein Chef. „Ich lasse Ihnen gleich ein paar ausgefüllte Fragebögen zukommen. Die werten Sie bitte bis heute Abend aus!" „Fick dich!", dachte er sich und sagte „Fick dich!", aber auch nur weil sein Chef schon aufgelegt hatte. Die scharfe Sekretärin brachte ihm zehn dicke Stapel Fragebögen rein. „Hallo Carol!" „Hallo, eh... Machen Sie die bitte bis spätestens sieben fertig!" Seit Jahren arbeitete er schon mit ihr zusammen und dieses Flittchen kannte immer noch nicht seinen Namen. Lieber vögelte sie mit dem Chef oder mit Greg. Was für ein Tag, besser hätte der gar nicht beginnen können.

Wutentbrannt lief Vater Schroer mit samt Anhängsel durch die Straßen. „Wir machen jetzt Sightseeing, aber vom Allerfeinsten!", wiederholte er immer wieder. Seine Frau versuchte mit ihren hohen Schuhen und der Tochter an der Hand hinterherzukommen. Laura war einfach nur besoffen und kotzübel.

Zack. Decke Weg. Faust in den Magen. „Was machen Sie im Bett meiner Tochter?" Zack, noch eine Faust, diesmal auf die Schulter. „Verschwinden Sie!" Donald versuchte zu sich zu kommen. Bums, eine Zeitschrift vor den Kopf. Seine Abendsabschnittsgefährtin stand weinend in der Ecke. „Raus hier, Sie Drecksschwein!" Die Mutter schrie herum und wollte ihn gerade mit einer Blumenvase abwerfen, als er gerade noch hinter das Bett springen konnte. Während er seine Sachen schleunigst einzusammeln versuchte, wurde er noch von zwei Büchern, einer Stehlampe und einem Stöckelschuh am Kopf getroffen. Der Stuhl verfehlte ihn glücklicherweise. Darauf rannte er zur Tür hinaus und erntete noch einen Dropkick in den Rücken. Dann flitzte er so schnell er konnte die Straße herunter. Hinter der ersten Ecke des Häuserblocks verlangsamte er sein Tempo, um sich erstmal zu sammeln. Diese kleine Hure hätte ihm ruhig mal sagen können, dass sie eine Mutter wie einen Vater hatte, die mehr als Gewaltbereit war. Egal. Das wichtige war, er hatte mal wieder so richtig schön einen weggesteckt! Am nächsten Kiosk machte er halt, um sich was Feines zu trinken zu kaufen. Er entschloss sich für Kakao, Wiskey und Bier. Das mixte er dann alles in seinem Mund zusammen, und schon war er wieder bereit und breit für den Tag. Da saß er nun, allein. Ausgegrenzt von der Gesellschaft. Im Schaufenster gegenüber konnte er sein Spiegelbild betrachten. Er sah ganzschön abgefuckt aus, so wie sich das gehört! Er passte nicht in diese Welt. Er hatte noch nie gepasst. Auch wenn er schon des Öfteren versucht hatte, sie passend zu machen. Notfalls mit Gewalt! Sein T-Shirt war ihm drei Nummern zu klein und voller Flecken. Darauf war ein lustiger Affe abgebildet. Und genauso fühlte sich Donald. Wie ein Affe! Affig, eben! Donald musste schmunzeln bei dem Gedanken daran, dass jeder Affe dieser Welt an einem ständig während Zustand litt. Dem Affigsein. Affen waren einfach immer affig! Sein Schmunzeln verschwand jedoch wieder, als er daran denken musste, dass der Mensch ja vom Affen abstammte. Konnte man also behaupten, dass auch jeder Mensch in einem latenten Zustand der Affigkeit verharrt? Wie gesagt, Donald war eben Philosoph. Plötzlich ging eine Frau mit ihrem Kind an ihm vorbei. „Guck mal mein Junge, so darfst Du nie, nie werden! Versprichst Du mir das? Niemals! OK?" Was bildete sich diese blöde Kuh nur ein? Die Menschen taten immer so, als sei Donald nichts wert. Als sei er bloß der Abschaum der Gesellschaft. Aber wo von hatten die schon eine Ahnung? Die, mit ihrem beschränkten Horizont. Donald wettete, dass mit Sicherheit noch keiner von denen jemals erlebt hatte, wie sich fünf Promille anfühlen. So was bedurfte schließlich auch jahrelangem Training! Und das setzte er jetzt auch fort. Prompt ging er in den Kiosk zurück, um sich jetzt mal zur Abwechslung so richtig schön abzuschießen. Er war eigentlich ein geiler Typ! Und das sagte sich der konstruktiv selbstkritische Donald MC McFleischhauer immer wieder! Solche Arschlöcher, dachte sich Donald. Er hätte der Frau eine klatschen sollen. Das hätte von Kurrage gegenüber ihm selbst gezeugt. Leider kam er erst viel zu spät auf diese Idee, diesen Geistesblitz. Und zu spät einfallende Einfälle sind genauso unnütze wie nie kommende Einfälle! Hitler zum Beispiel. Wäre der, nachdem er gemerkt hatte, dass die Sache mit dem Krieg und so keinen Sinn mehr hat auf die Idee gekommen, sich den Bart abzuschneiden, hätte ihm das wohlmöglich das Leben gerettet. Kein Schwein hätte ihn mehr erkannt! Er hätte ganz einfach untertauchen können! Die ganze Suizidchose hätte er sich sparen können! Zusätzlich hätte er sich später noch ohne Probleme in irgendwelche Fernsehtalkshows alla Kerner mit irgendeinem Hut und Sonnenbrille setzen können und mal hier und da ein bisschen die Holocaustgeschichte für totalen Blödsinn erklären und des Weiteren voll und ganz auf Göbels schieben können. Schon wäre sein Name nicht der Inbegriff für das Böse und den Teufel zugleich geworden. Aber zu spät! Jetzt würde ihm diese Idee nichts mehr nützen! So wollte Donald nicht enden! Der nächste Spießbürger, der ihm blöd kommen würde, so beschloss er, würde eine Lektion erster Güte erteilt bekommen...

Sechsunddreißigster Stock. Hier musste es sein. Er stieg aus dem Aufzug. „Your Mind" war auf der Eingangstür aus Glas eingraviert. Er war richtig. Hier war also das Tor zu seinem neuen Leben in New York! Von hier an sollte alles ganz anders werden, im Land der unbegrenzten Möglichkeiten. Nun verstand er endlich den Sinn dieser Weisheit! Friedolin trat ein. Am Empfangsschalter saß eine süße Blondine mit enormer Oberweite. Unerreichbar. „Guten Tag, was kann ich für Dich tun?" „Ich habe gestern von irgend so einem Fragebogenheini diese Adresse hier bekommen, um mich wegen so nem Job zu melden!" „Fragebogenheini? Job? Also die Leute mit den Fragebögen sind ein paar Stockwerke tiefer. Aber nimm doch einfach mal im Wartezimmer dort drüben Platz, ich telefonier dann mal rum und geb Dir dann bescheid!" Er ging in den Nachbarraum und setzte sich auf einen von zehn freien Stühlen in diesem Raum. Er war der einzige, der hier wartete. Die mussten wirklich Probleme haben, einen wie ihn zu finden, da sich scheinbar außer ihm kein anderer beworben hatte. Aus diesem Zimmer konnte er die hübsche Empfangsdame beobachten. Geile Schnitte, echt hammer. Er sah wie sie den Hörer abnahm und zu telefonieren begann, um sich nach dem freien Posten zu erkundigen. „Ja, hi, wie geht's... ja, mir auch..." Klar, dass so eine erst noch ein bisschen mit dem Chef flirten musste. War ihr und ihm auch nicht zu verübeln. Sie war heiß, jung und hatte noch gute Chancen auf einen Aufstieg. „Also Dein Kleid letztens, genial..." Eine Frau, als Chef? Na ja, andere Länder, andere Sitten! „Du, weshalb ich anrufe..." Endlich kam sie zum Punkt. Er hatte wirklich keinen Bock mehr, hier noch lange so gespannt rumzuhocken. Schließlich wollte er die Sache hier nun endlich dingfest machen, um sich hier eine Wohnung zu mieten und dann nie mehr zu seiner eumeligen Familie zurückgehen zu müssen. „Also, was ich fragen wollte, wann steigt die Party bei Frank heut Abend?" Party? Lockeres Verhältnis mit der Chefin hin oder her, aber Party bei Frank? Telefonierte die überhaupt wegen ihm rum? „Ja, der ist so niedlich..." Dann ging sie auf seinen Raum zu und schloss die Tür, nachdem sie ihm noch einen desinteressierten Blick zugeworfen hatte. Dann wurde es still. Nur er und der Raum. Gähnende Leere. Keine Zeitschriften, bei denen man sich über den neusten Freund von irgendeiner Königstochter informieren konnte, kein Wasser, mit dem man sich während des Wartens so lange zuschütten konnte, bis man mal musste und so zur Abwechslung einen Spaziergang zum Klo tätigen konnte. Er stellte sich auf eine lange Zeit des Wartens ein!

Officer Dickhead bog um die Ecke. Schon aus gut hundert Metern Entfernung konnte er deutlich erkennen, wie der Raufbold den Hänflingsvater einen saftigen Tritt in den Allerwertesten verpasste. Leider kein Neger. Er parkte seinen Wagen an einer freien Stelle und stieg aus. Von draußen ließ sich die Situation besser beurteilen. Er blieb *rund fünf Minuten* stehen, um die Lage zu checken. Währenddessen trat der über Funk beschriebene Täter noch das ein oder andere Mal mitten in das Opfergesicht. Es sah scheußlich aus! Auch Officer Dickhead empfand den Anblick nicht gerade als sonderlich ästhetisch oder ansehnlich, jedoch hatte die Sache durchaus sonderbar Anturnendes. Dann entschloss er sich einzugreifen. „Hey Du Affenarsch eines affenärschigen Affenarschs Affenarsch! Hier spricht die Polizei! Jetzt gibt es Ärger, Freundchen!" Donald beachtete seine Ansage nicht und schlug weiter auf den armen Axel ein. Officer Dickhead war gezwungen, näher an die beiden ranzugehen. Er hatte keine Angst vor Donald, im Gegenteil, schließlich hatte er in der Grundausbildung gelernt, im Falle eines Falles sein Leben vor das des Opfers zu stellen. Das würde in dieser Situation bedeuten, falls Donald ihm zu gefährlich werden würde, müsste er einfach auf den Typen am Boden losgehen und vor den Außenstehenden so tun, als helfe er Donald nur, einen Massenbegrabscher zur Strecke zu bringen. Schon wären alle Beteiligten glücklich und die Lage gerettet! Aber soweit wollte er es nicht kommen lassen. Also entschloss er sich einfach sicherheitshalber Donald ins Bein zu schießen und den johlenden Trunkenbold in Handschellen zu legen. „Machen Sie mich los, du verhurter Bulle, ich spüre mein Bein nicht mehr!", wehrte sich Donald MC McFleischhauer. Officer Dickhead saß auf ihm drauf, um ihn in Zaum zu halten und fühlte sich ziemlich cool dabei. Er liebte es, wenn die Leute um ihn herum ihn bewunderten. Der dankbare Blick von Herr Schroer ließ in hingegen kalt. Schließlich sah dieser nun auch recht entstellt aus. Ganz im Gegenteil zu der Frau und der Tochter. Die ließen Officer Dickheads Gedanken warm werden, so dass ihm bald eine ordentliche Keule stand, die er unauffällig auf dem Arsch von dem auf dem Bauch liegenden Donald liebkosen konnte. Dieser Cop war wirklich ein ekelhaftes, rassistisches Schwein!

Das Kapitel 4

Frustriert saß er über den Fragebögen. Er war gerade bei Nummer vier von etwa Vierbillionen. Diese Arbeit war wirklich der letzte Dreck. Genau wie er. Er war der dreckigste Abschaum vom dreckigsten Menschen, der sich mit dem dreckigsten Shampoo unter der dreckigsten Drecksdusche mit dem dreckigsten Wasser dieser dreckigen Welt seinen dreckigen Hintern wäscht. Verdammt dreckig eben! Und das noch nicht mal im Sinne von schmutzig oder versaut oder nicht clean, er war einfach nur dreckig im Sinne von Scheiße! Er hasste seinen Job, hasste seinen Chef, hasste diese Fragebögen, hasste sich selbst und hasste sein ganzes Leben. Nichts gelang ihm. Und das war auch nie anders gewesen. In jedem Bereich seines Lebens hatte er auf ganzer Linie verkackt. So konnte es nicht weiter gehen! Es musste sich etwas ändern! Entschlossen stand er auf, schlug auf den Tisch und schleuderte die Fragebögen demonstrativ von seinem Schreibtisch herunter. Keiner hörte sein Aufbrausen. Doch das war ihm völlig egal! Er ging zum Fenster, lehnte seine Hände dagegen und blickte über New York. Dann ging er doch noch mal lieber vorsichtshalber um seinen Schreibtisch herum und sammelte die Blätter wieder auf, nur für den Fall, dass doch jemand etwas gehört haben sollte. Sicher war sicher! Darauf ging er wieder in seine höchstphilosophische Pose zurück und stierte mit voller Kraft gegen das Glas gepresst in den Himmel. Die Stadt schien unendlich weit. Der Himmel sogar noch weiter. Amerika, das Land der unbegrenzten Möglichkeiten. Davon hatte er nie etwas zu spüren bekommen! Er fühlte sich betrogen. Betrogen von Amerika. Betrogen von der Welt. Warum hatte er als einziger niemals ein Stück vom Glück abbekommen? Warum war ausgerechnet er der Depp der Nation? Sein Leben lang hatte er sich bemüht mitzuhalten, es den anderen recht zu machen. Nie hatte es funktioniert! Der Himmel war mittelmäßig bewölkt. Die Morgenluft war leicht kühl, so wie es für diese Jahreszeit üblich war. Es wäre ein perfekter Tag zum springen gewesen. Doch so leicht wollte er es ihnen nicht machen, dessen war er sich vollends bewusst! So konnte er nicht aus dem Leben treten, nicht so unbefriedigt! Dafür hätten sich all die miesen Jahre nicht gelohnt! Er schaute nach unten. Überall liefen Leute und fuhren Autos. Alle waren beschäftigt. Doch nicht einer war so erbärmlich wie er, da war er sich sicher. Ihm war schon klar, dass da so mancher unten war, der nicht gerade glücklich war. Aber so einen Hampelmann wie ihn, den gab es nur einmal. Er hatte eigentlich alles, was man zum Glücklichsein brauchte. Er war jung, berufstätig, ja, er war nicht einmal behindert! Trotzdem kriegte er es nicht gebacken, auch nur mal ansatzweise was draus zu machen! Er guckte weiter auf die Straßen, die Autos, die Menschen und die Häuser unter ihm. Er konnte auf alle herabblicken, und war doch so weit unter ihnen. Er schaute wieder in den Himmel. Stier blickte er gerade aus. Schon so lange hatte er hier bereits gearbeitet, doch noch nie hatte er diesen Ausblick genossen. Scheinbar fehlte ihm grundsätzlich der Blick für das Wesentliche. Über fünf Jahre war er nun schon hier, und noch nie hatte er bemerkt, wie nah er an den Wolken dran war. Sie waren wahrscheinlich nicht mal zwanzig Meter über ihm. Noch nie hatte er bemerkt, wie viel höher er über dem Rest der Welt war. Er hatte noch nicht einmal bemerkt, dass er so hoch oben war, dass die Flugzeuge fast auf seiner Höhe flogen. Das hatte er tatsächlich noch nie gesehen. Und dieses Flugzeug flog wirklich verdammt nah auf seiner Höhe. Dass die so nah an den Häusern vorbeifliegen können, dachte er sich. Unglaublich! Es sah fast so aus, als flöge es auf ihn zu. Plötzlich traf sich sein Blick mit dem von Ali Bubac. Sie blickten sich direkt in die Augen. Das Flugzeug flog tatsächlich genau auf ihn zu. Ali Bubac sah nun gar nicht mehr so besonders von Allah überzeugt aus. Sein Gesichtsausdruck wirkte eher ängstlich und verkrampft! Schade, jetzt war es selbst für ihn zu spät um umzukehren. Rien ne va plus! Nichts geht mehr! Alia iacta sunt! Die Würfel sind gefallen! Er, der größte Versager dieser Erde, würde gleich mit samt seinen verschissenen Fragebögen in einem Raum sterben! Verfickt! Noch ein letztes und erstes Mal ließ er all die schönen Momente seines Lebens an sich vorbeiziehen. Das ging recht flott. Obwohl der Flieger jetzt schon nur noch zehn Meter von ihm entfernt war, war er trotzdem noch vorher mit dem Revuepassieren lassen fertig. Sein Leben war ein einziger Haufen Müll gewesen. Das einzig schöne und sinnvolle an seinem Leben sollte nun folgen. Sein Tod. In der Schule hatte er schon öfter mal eine Faust in die Fresse bekommen. Aber das hier war wesentlich kraftvoller. Er spürte, wie die Glassplitter durch das Auftreffen des Flugzeugs auf der Fensterscheibe in sein Gesicht und seinen restlichen Körper geschossen wurden, wie tausend Messer drangen sie in ihn ein. Es ging schnell und zog sich dennoch hin wie Stunden. Wie die innerliche Zeitlupe bei einem Fahrradsturz, er spürte alles mit einer wahnsinnigen Intensität, ausgelöst durch Adrenalin und das Wissen, dass es die letzten Empfindungen sein sollten, die er verspüren würde. Als nächstes merkte er, wie er von der Flugzeugfront selbst gegen die Wand am anderen Ende des Bürozimmers gepresst und schließlich gequetscht wurde. Sein Körper und seine Organe gaben vor der Mauer hinter ihm nach. Und bei allem konnte er in das Gesicht von Ali Bubac gucken, dessen Blick auch nicht von Selbstüberzeugung geprägt war. Dann wurde es still um ihn herum. Und schwarz. Und dann war nichts mehr. Nichts.

Er spürte ein enormes Beben unter sich. Alles vibrierte und das ganze Wartezimmer wackelte. Der ausgeschaltete Fernseher, der sowieso nicht am Strom angeschlossen war, fiel von seinem Regal direkt vor Friedolins Füße. Er konnte sich gerade noch rechtzeitig ducken, so dass ihn auch das Bild, welches hinter ihm herunterkam nicht treffen konnte. Aus den Nachbarräumen konnte er Schreie vernehmen. In Sekundenbruchteilen legte sich eine winzige Staubschicht im Raum nieder. Plötzlich hörte er die ersten Personen wie wild herumlaufen. Es schienen sich immer mehr Leute vor dem Wartezimmer zu versammeln. Alle schienen sehr aufgebracht zu sein. Er ging zur Tür und öffnete sie, um nachzusehen. Vor ihm standen rund vierzig Frauen und Männer, die allesamt verzweifelt an der Eingangstür zum Fahrstuhl drängten. Eine Frau mittleren Alters kam auf ihn zu. „Der Fahrstuhl ist kaputt und die Notausgänge sind versperrt!", teilte ihm die hysterische Dame mit verzweifelter Miene mit. Alle auf dem Flur schrieen und weinten, telefonierten oder beteten. Er knallte die Tür wieder zu und setzte sich allein ins Wartezimmer. Was auch immer passiert war, es war wohl sein Ende. Und es war ihm egal.

Alle drei blickten Zeitgleich nach oben. Officer Dickhead, Donald MC McFleischhauer und der Typ, den man einst als Vater Schroer identifiziert hätte. Aus einem der beiden Türme quoll Rauch hervor. Überall auf der Straße kreischten die Leute. „Oh my godness!" „Oh Lord!" „What the?" All die Menschen waren plötzlich fürchterlich betroffen. Diese Heuchler, dachte sich Donald, nur aus Sensationsgeilheit blieben die alle stehen und zogen sich das Spektakel rein. Keiner von denen hatte wirkliches Mitleid mit den Leuten! Alle hielten sich die Hand vor den Mund und taten betroffen. Manch einem stießen sogar die Tränen in die Augen. Pure Hysterie! Donald konnte sich bildlich vorstellen, wie alle diese spießigen Wichser und Arschkriecher zuhause vor ihren Fernsehern geierten und staunten. Es war ein Medienspektakel der Superlative! Plötzlich tönte eine

Stimme aus dem Funker des Polizeiwagens. „Achtung, Achtung, an alle Einheiten! Im World Trade Center ist soeben ein Flugzeug eingetroffen. Alle Feuerwehrmänner haben auf der Stelle dort zu erscheinen!" Donald drehte sich zu Officer Dickhead. „Ich bin Feuerwehrmann bei der freiwilligen Feuerwehr!" „Das kannst Du deiner Oma erzählen, Du Penner!", entgegnete der Supercop. „Nein, du Hanswurst, ich mache keine Scherze, wenn du nicht deinen verfluchten Job loswerden willst, guck doch mal in meine Tasche, da ist mein Ausweis!" Officer Dickhead packte Donald nicht ohne Freude in die Hintertasche seiner Hose und zog ein altes verlumptes Portmonaie hervor. Er schlug es auf und warf Donald einen geschockten Blick zu. Dann stand er auf und löste die Handschellen. „Sie sind der Donald MC McFleischhauer?", fragte er ehrfürchtig. „Das steht doch da drin, oder kannst Du Arschficker nicht lesen?" Officer Dickhead machte einen Diener. „Verzeihen Sie Sir, ich habe Sie nicht erkannt, Sie haben sich seit damals sehr verändert und da..." „Ja ja, sparen Sie sich ihr Gequatsche. Ich muss jetzt los, es ist schon genug Zeit verloren!" „Hier!" Officer Dickhead warf ihm seine Wagenschlüssel zu. „Fahren Sie mit meinem Auto! Sie dürfen keine Zeit mehr verlieren, es geht um Leben und Tod!" Donald fing die Schlüssel, stieg in das Copcar und zog mit einem korrekten Burnout davon. „Was tun Sie da?", fragte das, was vermutlich mal Vater Schroer war. Während er redete, lief ihm eine Speichel-Blut-Mischung aus einer offenen Stelle in seiner rechten Wange. „Sie können dieses Schwein doch nicht einfach so gehen lassen! Dieser Mann hat versucht mich zu töten!" „Dieser Mann,", entgegnete Officer Dickhead seinem davonfahrenden Auto hinterher blickend, „ist der beste Feuerwehrmann dieses Planeten! Dieser Mann hat siebzig Männer aus einer brennenden Wüstenstation befreit, ohne einen einzigen Tropfen Wasser. Dieser Mann hat dreihundert Kinder

86

aus einer brennenden Grundschule befreit, ohne Atemmaske, Anzug und ohne auch nur ein einziges dieser jungen Dinger unsittlich zu berühren, obwohl er die Chance dazu gehabt hätte. Dieser Mann hat vierzig Passagiere eines brennenden Flugzeugs im Flug gerettet, nur mit einem Trampolin und einem Kescher bewaffnet. Dieser Mann wurde für seine Großtaten mit einem Belohnungsgeld von Zweimillionen Dollar ausgezeichnet. Dieser Mann hat es geschafft, das Preisgeld innerhalb eines Monats komplett zu versaufen. Dieser Mann... ist ein Held!" Dann schaute Officer Dickhead wieder zu dem brennenden Gebäude, unschlüssig darüber, ob er hier und jetzt seinen pyromanischen Trieben freien Lauf lassen sollte oder ob er sich erst zu Hause mit Kraft seiner Erinnerung einen runterholen sollte. Oder sollte er sich doch am Besten zunächst an der Frau des Gepeinigten vergehen? Oder an der Tochter? Ex Vater Schroer fluchte derweil in einer Tour über das amerikanische Rechtssystem.

Der Tod war im Raum angelangt. Sie konnte ihn hören, riechen und sehen. All die schreienden und stinkenden Kinder. Sie nahm all das nur noch wahr wie einen Traum. Dieser beißende Durst. Diese beißende Hitze. Seit Stunden war nun keiner mehr gekommen, um nach ihnen zu schauen. Verschollen. Alle die, die ihnen immer das Gefühl versucht hatten zu vermitteln, es gäbe eine Chance, hatten sie im Stich gelassen. Naomi verspürte Hass. Hass gegen diese Welt, auf die sie nur gekommen war, um Tag für Tag zu sterben. Klar, jeder starb jeden Tag ein bisschen mehr. Aber wenigstens hatten andere dabei die Möglichkeit in ihrem Leben irgendetwas zu erleben. Sie hatte nur gedarbt. All die Zeit, deren wahrhaftige Länge für sie nie eine Rolle gespielt hatte, hatte sie nur gewartet. Mal war ihr eine Stunde vorgekommen wie ein Tag, mal vier Tage wie ein paar Minuten. Immer nur die gleichen Abläufe. Trinken, Warten, Essen, Warten, Schlafen, Warten und ab und zu mal Kotzen oder Sehen, wie einer verreckt. Und nun würde sie dran sein, aus einem Leben ohne Wertigkeit zu treten. Gelebt wie eine Eintagsfliege. Nur kürzer. Natürlich hatte sie mehr Zeit auf dieser Erde verbracht. Aber die Zeit die sie hier gewesen war, war belanglos gewesen. Zumindest in Relation zum Leben einer Eintagsfliege. Vor ihren Augen wurde es immer dunkler. Sie war tot müde, doch sie wollte nicht einschlafen. Sie fühlte sich noch nicht bereit zu gehen. Aber wann sollte dieser Punkt kommen? Irgendwann musste sie einfach nachgeben. Es hatte keinen Sinn mehr hier zu bleiben. Dieses Leben war sowieso nur da, um darauf klar zu kommen. So wie jedes andere Leben. Aber sie wollte es trotzdem nicht hergeben! Scheiß Überlebens-instinkte! Sie konnte nichts! Nur schreien, röcheln oder atmen. Und versuchen zu überleben. Das war alles. Ihre Zunge wurde immer trockener, ihr Atmen immer ruhiger, ihre Kehle immer enger und ihre Augen immer schwerer. Keine Energie mehr. Keine Hoffnung mehr. Aber sie kämpfte weiter. Schlimmer konnte es schließlich nicht werden. Dachte sie.

Donald MC McFleischhauer kämpfte sich hupend durch die Autoreihen. Überall Stau. Und er voll bis oben hin mit schwer verletztem Bein. Wobei er die Wunde aufgrund der eben er-wähnten Trunkenheit auch kaum spürte. Schon die ganze Fahrt hatte er versucht das Blaulicht einzuschalten, aber er bekam es einfach nicht auf die Kette. Eine äußerst nervige Angelegenheit. So kam man einfach nicht durch. Nur weil die ganzen schaulus-tigen Geier stehen bleiben mussten, um schaulustig zu geiern, so wie sich das gehört! Da wollte man mal helfen und was Gu-tes tun und dann verbocken einem das die ganzen Idioten, nur um zu Hause erzählen zu können, dass man dabei gewesen ist und wie schlimm doch alles gewesen war. „Hallo Schatz, hast du das in den Nachrichten heute gesehen? Ich war da, und es war so schrecklich!" Wem selbst nichts passiert im Leben, braucht die Storys anderer. Deswegen hat auch jeder meistens mindestens einen Alkoholiker in seinem Bekanntenkreis. Denen passiert wenigstens immer irgendetwas. Die erleben was! Donald sprach da aus Erfahrung. Er war nämlich Alkoholiker, auch wenn das die meisten an dieser Stelle stark verwundern wird! Donald war schwer alkoholkrank, so wie sich das gehört! Er hupte und hupte, aber nichts geschah. So ging das nicht weiter hier. Er entschloss sich, zu Fuß weiter zu gehen, auch wenn das zu den Sachen gehört, die betrunken schwerer sind. Autofahren ist hingegen für Leute mit was intus ziemlich einfach und unanstrengend. Und auch für Außenstehende ist das häufig die bessere Lösung. Wenn beispielsweise Donald mit drei Promillchen durch die Straßen watschelt, ist die Gefahr, dass er jemanden verletzt oder zumindest gepflegt eine watscht weitaus höher, als wenn er im Auto sitzt. Wenn ihm einer blöd kommt, während er gerade am Steuer hockt, überlegt er sich hingegen meistens viermal, ob er aussteigen soll. Deshalb hatte Donald auch nie verstanden, warum man besoffen nicht Auto fahren durfte. Donald gab die Karosserie nur schweren Herzens auf, schließlich ließ man ihn nicht allzu häufig mal ans Steuer. Dann fing er an, Richtung World Trade Center zu torkeln. Der Weg schien ihm super dupi weit, obwohl er nur ein paar Blocks entfernt war. Dass ihm das Laufen auf den Zeiger ging, bekamen auch die Passanten zu spüren, die er während seines Marsches immer mal wieder zwischendurch anpöbelte. Mal nur eine kleine Beleidigung am Rande, wie zum Beispiel „olle Dreckshure" oder „Pimmelchen klein", wann anders mal eine derbe Backpfeife, je nach Laune des freiwilligen Feuerwehrmanns Donald MC McFleischhauer. Plötzlich vernahm er einen lauten Knall, *um neun Uhr drei.* Es war mehr ein Donnern. Alle Menschen um ihn herum begannen zu schreien und schauten erschrocken in den Himmel. Donald blickte auch nach oben. Das zweite

Flugzeug war in den Südturm des World Trade Center eingeschlagen. Schöne Bescherung! Das bedeutete doppelte Arbeit
für ihn. Und er war doch jetzt schon so betrunken! Auf den
Schock brauchte er erstmal was zu Trinken. Und zwar keine
Limo.

Beim Einschlagen der Maschine hörte auch endlich Vater
Schroer auf, Officer Dick vollzulabern, von wegen er solle mal
endlich was machen gegen diesen MC McIrgendwas und aufhören, sich ständig so penetrant an seinen Intimbereich zu fassen.
Es verschlug ihm die Sprache. Erschrocken blickte er nach
oben. Auch seine Frau und seine Tochter waren geschockt.
Officer Dickhead kam.

Friedolin zuckte zusammen. Zunächst hatte er die Befürch-
tung, dass schon wieder einer die Tür aufgerissen hatte, um ihm
zu sagen, dass sie alle sterben würden. Dafür war es jedoch
schlagartig zu ruhig geworden. Er ging ans Fenster und schaute
nach unter. Immer noch stierten alle Leute nach oben, aber
irgendwie schauten sie nicht mehr auf den Turm, in dem er war.
Dann ging doch die Tür schon wieder auf. „Im Nordturm ist
jetzt auch eine Maschine eingeschlagen, das kann doch kein
Zufall mehr sein!", brüllte ihm irgend so ein Mann im Anzug
entgegen. „Man weiß es nicht!", antwortete er und erhob sich
zum gut zehnten Mal, um die Tür zuzuknallen.

Donald war endlich angekommen. Er ging direkt auf den
Feuerwehrhauptmann zu. „Wie ist die Lage?", erkundigte er
sich rülpsend und pupste. „Donald MC McFleischhauer? Sind
Sie der Donald MC Motherfucking McFleischhauer?" Alle
umherstehenden Feuerwehrmänner stoppten augenblicklich ihre
Arbeit. Sie konnten ihren Augen nicht trauen. „Ja, der bin ich,
wie er leibt und lebt!", sagte er und die Männer begannen ihm
zu huldigen, denn ihnen ward ein Heiland geboren. Halleluja!
In excelsus deo! In nomine Patres et Filio et anime sacres! Hal-

leluja! Und siehe da, es war gut! „Haben Sie denn auch schon genug Sprit zu sich genommen?"[9] „Ich bin voll wie zehn Russen!" „Sehr gut, es gibt viel zu erledigen! Wo sollen wir beginnen, Master McFleischhauer? Wir haben schon mal ein paar Leute geschickt, die erste und zweite Etage zu räumen!" „Wir fangen oben an!" „Aber die Leute können wir vergessen, die können wir unmöglich retten!" „Ich habe gesagt, wir fangen oben an!" Der Feuerwehrhauptmann blickte Donald unglaubwürdig an. „Verzeihen Sie, Euer Gnaden, aber ich glaube nicht, dass..." „Glauben können Sie in der Kirche oder an gar nichts, ich fang oben an, machen Sie, was Sie wollen!" „Was benötigen Sie, Mister Sir Lord McFleischhauer?" „Geben Sie mir eine Axt... oder nein, geben Sie mir zwei!" Der Hauptmann drehte sich zu einem jüngeren Typen um, scheinbar ein Azubi. „Byler, holen Sie ihm zwei Äxte!" „Aber Sir!", entgegnete der Junge. „Ich halte es nicht für besonders vernünftig diesen Kerl mit so was spitzem auszustatten. Sehen Sie denn nicht, dass der total einen im Tee hat?" „Machen Sie, was ich Ihnen sage, Byler!" Widerspenstig brachte er zwei Äxte und übergab sie Donald. Dann stolzierte Donald rüber zu den Häusern. „Sir, glauben Sie nicht, dass dieser Typ zu betrunken ist? Der kriegt doch nichts mehr gebacken. Sehen Sie mal, wie der rumeiert! Außerdem, was will der mit den Beilen machen?" Der Sir Hauptmann schaute McFleischhauer hinterher und wischte sich eine Träne aus dem Gesicht. „Dieser Mann,", betonte er, „ist der beste den wir jemals hatten, haben und haben werden! Donald MC McFleischhauer weiß genau, was er tut! Außerdem sind Sie gefeuert!" Donald MC McFleischhauer stand mit seinen Äxten vor der Wand des Südturms, die zum Nordturm zeigte und ü-

---

[9] Es ist schon extremst krass, wie schnell sich so eine Alkoholkrankheit rumspricht!

berlegte, was er mit den scheiß Beilen machen sollte. Noch ergab das irgendwie keinen Sinn. Wollte er damit einen umbringen? Hatte er die Teile nur aus einer Laune der Trunkenheit heraus bestellt? Wofür waren die nur nutze? Eins war ihm allerdings klar, jetzt konnte er keinen Rückzieher machen. Er musste die Dinger verwenden. Sonst würde er sein komplettes Ansehen vor den anderen verlieren. Nicht, dass ihm sein Ansehen vor denen wichtig war, aber es waren immerhin die letzten, die noch Ansehen vor ihm hatten, und da kann man ja mal versuchen, ob man es sich nicht doch irgendwie erhalten kann. Er begann zu überlegen. Dann schlug er mit dem Beil in seiner Rechten in die Hauswand. Mit voller Kraft. Dann ein zweites Mal, und dann ein drittes. Dann immer wieder. Das bringt nichts, dachte sich Donald. So würde das Teil allerhöchstens frühzeitig zum Einstürzen bringen. Was hatte er sich bloß dabei gedacht, ein Beil zu bestellen? Und warum gleich zwei? Er hätte mehr trinken sollen! Vor lauter Wut schmiss er eins der Teile gegen die Wand. Und es blieb stecken. Und es steckte zu hoch, um aus dem Stand dran zu kommen. Na super! Jetzt hielten ihn wahrscheinlich alle für verrückt. Er entschloss sich, das Beil zurückzuholen, dem Hauptmann die Sachen wiederzugeben und sich dann in der nächsten Kneipe den Arsch voll zu hauen. Er versuchte mit einem Sprung das Ding zu erreichen. Es klappte nicht. Er sprang ein zweites Mal, mit mehr Kraft. Es klappte nicht. Da kam ihm die Idee. Er musste Anlauf nehmen! Es klappte nicht. Wütend schmiss er auch die andere Axt in die Wand. Die war wenigstens etwas tiefer als die andere und erreichbar. Er sprang hoch und hängte sich an sie, um sie wieder runterzuholen. Plötzlich fiel ihm auf, dass er von hier aus die andere erreichen konnte. Also schwang er sich hoch zu Nummer eins. Und dann kam ihm die Idee. Superfeuerwehrmann Donald MC McFleischhauer war zurück, quasi back! Er riss die untere wieder heraus und schlug sie etwas weiter oben als die andere ein. Das tat er dann auch mit der anderen. Er nutzte die Dinger als Kletterteile! Stück für Stück arbeitete er sich nach oben. Immer wieder die untere Axt herausziehen und dann ein gutes Stück über der anderen einschlagen. Die anderen Feuerwehrleute sahen ihm staunend nach. Meter für Meter schlug er sich weiter über die Stockwerke hinweg. Es war ein Akt wahrer Männlichkeit! Leider war seine Heldentat später auf keiner Kameraaufzeichnung zu sehen, weil er genau zwischen den beiden Türmen emporstieg. Da kam die Presse halt nicht hin. *Nach kurzer Zeit* hatte er es bis in das Oberste Stockwerk über die brennende Stelle am Einschlagspunkt geschafft. Er stieg durch eines der Fenster in den Innenraum. Drinnen rannten die Leute panisch durch die Gegend und machten nur Müll. Die einen telefonierten, die einen beteten und andere fickten. Alle hatten sich schon auf ihr baldiges Ende eingestellt. Umso peinlicher war es ihnen, als sie Donald sahen, der sich unten einen Feuerwehrhut gemopst hatte. Sie erkannten ihre mögliche Rettung. Alle begannen sich sofort zu rechtfertigen. „Ich habe nur mit meinem Mann telefoniert, um ihm zu sagen, was er kochen soll!" „Ich glaube gar nicht an Gott, ich habe nur gebetet, weil ich einen getrunken hab und mir einen kleinen Scherz erlauben wollte!" „Wir haben gar keinen Sex, wir waren gerade nur ganz zufällig nackt und zack, im falschen Moment am falschen Ort, und schon hat man einen Steifen und schon passiert einem so was, Sie kennen das! Aber Sie werden das doch trotzdem nicht meiner Frau erzählen, oder?" „Ruhe!", rief Donald. „Wenn Sie überleben wollen, brauche ich Ihre Mithilfe!" „Was benötigen Sie?", fragte eine der Sekretärinnen, die sich gerade ihren Schlüpfer wieder hochzog. „Gebt mir ein Seil und einen Wiskey!" *Etwa eine halbe Minute später* kam die Frau wieder zurück. Auf einem silbernen Tablett brachte sie ein aufgewickeltes Seil, ein Glas mit Eis und eine Flasche Wiskey daneben. Dann schenkte sie vor Donalds Augen das Glas halb voll und stelle ihm das Tablett auf den Tisch. Eins musste man diesen Sekretärtussen lassen, selbst in solchen Extremsituationen machten sie ihre Arbeit gut. Donald nahm sich die Flasche und trank sie auf Ex aus. Dann nahm er sich das Seil und ließ das Glas stehen. „Bindet mir so viele Menschen wie ihr könnt auf den Rücken!", sagte er und winkte mit einer Geste der Trunkenheit und Überheblichkeit. Die Leute begannen sich allesamt auf seinen Rücken zu schnallen. Er hatte *nach gut zwei Minuten* insgesamt über vierzig Personen auf dem Buckel. Plötzlich begann sich eine der Frauen zu beschweren, die als mit eine der ersten aufgeschnallt worden war. „Ich muss mal!" Also wieder alles aufbinden, Leute rauslassen, Frau auf Toilette und dann wieder die ganze Chose von vorne. Als alle wieder aufgeschnallt waren, nahm Donald sich sein ebenfalls unten ergaunertes Walkitalki. „Hallo, Herr Hauptmann? Stellen Sie bitte zwei große Bretter im fünfundvierzig Grad Winkel ganz unten an die beiden zueinander zeigenden Außenseiten der Häuser!" Dann konnte es losgehen. Donald ging an eines der Fenster. Dann sprang er mit all den Bürofutzis auf dem Rücken auf die Fensterbank. Ganz schön hoch, dachte er sich. Er atmete einmal tief durch. Dann ein zweites Mal. Dann wollte er erst einen Rückzieher machen, atmete dann aber doch lieber noch ein drittes Mal durch. Dann ließ er sich nach vorne kippen und rannte los. Mit neunzig Grad Gefälle ging es abwärts. Das von hinten drückende Gewicht machte ihn noch schneller. Seine Beine berührten die Häuserwand nur noch flüchtig. Tausend km/h mindestens! Plötzlich näherte er sich dem Boden. Die Leute hinter ihm schrieen und hatten Angst. Klar, die hatten schließlich auch nicht einen erster Güte sitzen. Dann kam er an die Bretter. Alles musste jetzt ganz schnell gehen. Er nutzte das erste Brett wie eine Rampe, rannte weiter, kam am Boden an, band schnell die Leute los, rannte mit dem übrigen, nicht zu verachtenden Schwung weiter auf das Brett auf der anderen Straßenseite zu, nutzte es und schoss wie ein Skateboardfahrer in einer Halfpipe an der anderen Seite hoch. Die jahrelangen Erfahrungen aus der Hip-Hop-Szene hatten ihm doch etwas gebracht! Durch den enormen Schub, den ihm die Leute auf seinem Rücken gegeben hatten, erreichte er auch beim Hochrennen der anderen Häuserwand ohne Probleme ebenfalls hier den obersten Stock. Dort band er sich wieder Leute auf den Rücken und wiederholte das Prozedere. Und so ging es dann immer weiter. Leute rauf, Wand runter, schnell Leute losmachen, Wand hoch, Leute rauf, Wand runter und immer so weiter. Hin und wieder, wenn er zuviel Schwung hatte, machte er einen coolen Grap am Rand der Häuser. Es machte ihm wirklich Spaß. Er hatte gerade das Stockwerk einen Stock über dem, in dem Friedolin saß, erreicht. Die Leute begrüßten ihn hier genauso überfreudig wie auf den anderen Etagen, denn auch sie hatten seinen Auftritt bis jetzt mitverfolgen können. Als sie gerade beginnen wollten, ihn auszuziehen, um auch ein Teil von ihm zu ergattern, sah er sich gezwungen durchzugreifen. „Schluss jetzt! Uns bleibt keine Zeit mehr, ihr Büroaffengeier. Also, springt auf!" Wieder mal nahmen über dreißig Personen auf seinem Rückrad platz. Dann stieg er an das Fenster und rannte runter. Die Rampe kam auf ihn zu. Er erwischte sie wieder richtig. Er ließ die Leute ab. Dann rannte er mit dem heftigen Schwung über die Straße. Die andere Rampe war zerbrochen! Im letzten Moment drehte er ab und rannte den Bürgersteig lang. Jemand hatte die Rampe zerstört, und damit auch jegliche Hoffnung für die restlichen Menschen oberhalb der Flugzeugeinschlagstellen! Ob die Blutspur, die zu der Rampe führte, von dem geprügelten Vater Schroer oder von Byler

stammte, der mit einer dritten Axt einen missglückten Selbst-
mordversuch verübt hatte, konnte auf Grund der Regelung in
dubio pro reo nie geklärt werden, weil jeder der beiden den
anderen eines Racheaktes beschuldigte. Beide Parteien hatten
gute Argumente. Ein weiteres Brett stand der Stadt New York
nicht zur Verfügung. Alle Geretteten schworen sich, nie ein
Wort über diesen Tag und ihre Rettung zu verlieren, weil sie
ansonsten in den Fernsehinterviews wohl auf Kurz oder Lang
durch diese geschickten Moderatoren dazu verleitet worden
wären, auch über die peinlichen Geschichten zu plaudern, was
sie für Schweinskram gemacht hatten, als sie glaubten, sterben
zu müssen. „Ich will meine Handysucht nicht aufgeben!" „Ich
bin und bleibe Atheist!" „Meine Ehe ist mir sehr wichtig!" So
lauteten ihre Gründe in einem ehrlichen Moment untereinander.
Dann trennten sich ihre Wege auf ewig, schließlich würden sie
durch den baldigen Einsturz des Konstruktes auch alle ihren Job
verlieren. Die Feuerwehrmänner standen von Hause aus unter
Schweigepflicht. Donald MC McFleischhauer wurde nie wieder
gesehen. Man sagt sich, er sei mit dem Schwung, den er drauf
hatte, bis nach Rio geflüchtet, um sich dort ein schönes Leben
ohne Stress und mit Alkohol zu machen. Andere vermuten,
Donald sei in diversen Kriegsgebieten dieser Welt einmaschiert,
um dort mal so richtig aufzumischen. Und wiederum andere
behaupten, er habe sich rasiert und es stünde ihm gar nicht mal
so schlecht.

Friedolin hockte immer noch in dem mittlerweile sehr rau-
chigen Wartezimmer und wartete auf die Sekretärin oder den
Tod. Die Sekretärin kam zuerst. „Du sitzt aber schon ganz
schön lange hier drin! Wie kannst Du in so einer Situation so
cool bleiben? Wir werden gleich alle sterben!" „Wer weiß, was
ist jetzt mit meinem Job?" „Sag mal, hast Du denn nichts anderes als deinen Job im Kopf? Hast Du keine Freundin oder sonst

irgendwen, den Du noch mal anrufen willst, bevor du drauf-gehst?" „Ich hab und brauch keinen!" Dieser Satz klingt nicht nur sexy, er turnte auch die Sekretärin an! „OK, Freundchen, Du bist zwar grottenhässlich, um nicht zu sagen hässlich wie die Nacht, aber bevor ich aus diesem Leben gehe, will ich we-nigstens noch einmal das machen, was ich am besten kann, nämlich ficken. Also, das ist Deine Chance, ich mache das nur, weil außer Dir hier mit Sicherheit keiner mehr sonst im Stande dazu ist, einen hochzukriegen!" Dann zog sie sich in Sekunden-schnelle aus und lehnte sich an einen Stuhl. Er stand auf, ließ seine Hose runter und fickte sie. Ja, er fickte sie. Fickte sie so richtig. Fickte sie so, wie die Jungs in den Pornos, die er sich immer im Internet angeschaut hatte. Er fickte sie so, wie es die Typen aus seiner Klasse, aus seinem Studium immer erzählt hatten. Nur dass mit Sicherheit keiner von denen jemals so eine geile wie diese Braut gefickt hatte. Beim ersten Mal in seinem Leben fühlte er sich das erste Mal in seinem Leben überlegen. Er fickte und war gut. Sie kam Mehrfach.[10] Und kein Orgasmus von ihr war gestellt, denn es konnte ihr egal sein.[11] Sie würden eh sterben. Sie taten es ohne Gummi. Denn sie würden sterben. Er stieß und stieß und fickte sie. Er war besser als jeder von den Jungs, die ihn immer aufgezogen hatten, die ihm immer gesagt hatten, dass er nie eine abkriegen würde.[12] Er stieß und stieß und fickte. Plötzlich spürte er ein intensives Gefühl. Zuerst im Bauch. Dann tiefer. Er hielt es zurück. Dann kam das Gefühl wieder. Dann verlor er den Boden unter den Füßen. Sie auch. Er fiel. Die Decke stürzte ihm auf den Schädel. Er fiel immer noch. Um ihn herum vernahm er nur noch Staub, Qualm und Schreie.

---

[10] Hui hui hui.

[11] Na ja, man kann auch alles so auslegen, wie man es gerne hätte...

[12] Also jetzt ist aber auch mal gut hier...

Dann brachen seine Knochen. Arme. Beine. Rücken. Nase. Schädel. Schluss.

Es war ein Medienspektakel der Superlative! *Irgendwann im September.* Der Turmbau zu Babel. *Um neun Uhr neunundfünfzig am elften September zweitausendeins* stürzte der Südturm des World Trade Centers ein. *Um zehn Uhr achtundzwanzig* der Nordturm. Für über dreitausend Menschen spielte nach diesem Tag Zeit keine Rolle mehr.

Überall auf der Welt wurde gegeiert.

Viele Länder trauerten.

So mancher Orientale feierte die Sache.

Unter anderem auch Jackl Tackle, dessen Name hier im Übrigen aus Gründen des Persönlichkeitsschutzes geändert wurde. Schließlich kann man meiner Meinung nach so viel Shit schreiben, wie man will, solange man fiktiv bleibt. Hätte er damals geahnt, dass er nach diesem Tag nicht mehr auf seiner Ranch mit seinem Araber reiten, sondern nur noch in irgendwelchen Erdlöchern abhängen würde, hätte er sich das Ganze vermutlich zweimal überlegt.

Zur selben Zeit fiel ein Reissack in China um.

Naomi starb im Übrigen. Sie verdurstete.

Bibliografische Information der Deutschen Nationalbibliothek
Die Deutsche Nationalbibliothek verzeichnet diese Publikation in der
Deutschen Nationalbibliografie; detaillierte bibliografische Daten sind
im Internet über http://dnb.d-nb.de abrufbar.

Herstellung und Verlag: Books on Demand GmbH, Norderstedt

ISBN-13: 9783837081251